W0237345

Surrounded by Thieves – Von Dieben umzingelt

von Dagmar Puchalla

Langenscheidt

Berlin · Madrid · München · Warschau · Wien · Zürich

Lektorat: Maren Giering-Desler
Englischsprachiges Lektorat: Charlotte Collins
Illustrationen: Anette Kannenberg
Umschlaggestaltung: init.büro für gestaltung, Bielefeld

Anmerkung:
Die Zitate aus "Alice in Wonderland" von Lewis Carroll folgen der Ausgabe der Signet-Classic-Reihe, Penguin Verlag 30. Auflage 2000.

www.krimis-fuer-kids.de
www.langenscheidt.de

© 2012 by Langenscheidt KG, Berlin und München
Satz: kaltner verlagsmedien GmbH, Bobingen
Druck und Bindung: Stürtz GmbH, Würzburg

ISBN 978-3-468-20819-5

12010

Inhalt

Queen for a Day

"I want you, Jola, and **nobody else**, to play the Queen of **Hearts** in our **production** of 'Alice in Wonderland'. That's my last word." Der Englischlehrer deutete mit seinen langen schlanken Fingern auf Jola, die knallrot angelaufen war.
"Herr Langfinger" nannte ihn Patsy in Gedanken und musste ein Kichern unterdrücken. Sie stellte sich vor, wie seine Finger immer länger und länger wurden und Jola unter ihrem Kinn kraulten.
Patsy wuchs zweisprachig auf und sprang in ihren Gedanken oft zwischen Deutsch und Englisch hin und her. Der Englisch-Unterricht war für sie meistens langweilig. Immerhin hatten sie als Lehrer jetzt einen ***native speaker***, und dieser Mr Coltrane war schwer in Ordnung. Etwas schrill und vergesslich zwar, aber ein richtiger Künstler.
Mr Coltrane hatte als Theaterschauspieler gearbeitet, bevor er Lehrer wurde. Und in diesem Augenblick hatte er Jola auf dem Kieker, die sich unbedingt vor einem Bühnenauftritt drücken wollte. Jola litt unter *stage fright* – Lampenfieber.

---

nobody niemand
else sonst
hearts Herzen
production Inszenierung
native speaker Muttersprachler

Patsy wusste das und schaute mitfühlend zu ihr hinüber. Jola war eine ihrer zwei besten Freundinnen und Mitglied ihrer Bande, den ***Undercover*** *Kids*. Jola war puterrot im Gesicht. Patsy dachte an Ketchup, ihr Magen knurrte laut und vernehmlich und sie kicherte. Prompt wies der lange Finger des Lehrers in ihre Richtung und seine funkelnden graublauen Augen fixierten sie. "Young **lady**, if you have something you want to say, please **put your hand up, don't growl** at us."
Patsys Magen war diese Ansage gleichgültig, er knurrte gleich noch einmal, und zwar noch deutlicher als zuvor. Und wieder schien der Finger von Mr Coltrane länger und länger zu werden. Patsy konnte kaum noch an sich halten.

"What's so **funny**, Patsy?", wollte Mr Coltrane wissen. Aus den Augenwinkeln sah Patsy, dass sich Jolas Röte langsam in ein blasses Rosa verwandelte. Sie prustete laut los: "I'm so sorry, **really**, Mr Longf... – sorry again – Mr Coltrane. That was **just** my **stomach**!

---

undercover verdeckten
lady Dame
put your hand up heb die Hand hoch
don't growl knurre nicht
funny lustig
really wirklich
just nur
stomach Magen

I'm really hungry, because I **didn't eat** my breakfast. I was so **nervous** this morning!"
Patsys Lachen mündete in einen Schluckauf. In diesem Augenblick musste sie an den Grund für ihre morgendliche Aufregung denken: Heute kam endlich der langersehnte Besuch aus Wales!
Patsy hickste, schluckte und entschuldigte sich noch einmal. "Please excuse me, Mr Coltrane. I am sorry. But why **must** Jola play the Queen? Maybe she **could** ..."
"No!" Der lange Lehrer-Finger zog einen energischen Strich durch die sauerstoffarme Luft des Klassenzimmers und zeigte erneut auf Jola, deren Gesicht sich schlagartig wieder puterrot färbte. "Jola, come on! You **have to try**. Who knows – you **might find out that** you love **acting**. And the **part** of the Queen is really fun, because she's so **nasty**." Seine Augen

---

didn't eat habe nicht gegessen
nervous nervös
must muss
could könnte
have to musst
try versuchen
might wirst vielleicht
find out herausfinden
that dass
acting Theater spielen
part Rolle
nasty fies

funkelten vor Begeisterung für Jolas Rolle. "**There aren't many lines** to learn. She just says things **like**: 'Off with his head!' Or *her* head, of course. I do**n't** think you'll have **any** problems learning that." Er hielt einen Moment inne und schaute Jola sehr freundlich an. Dann fügte er leise hinzu: "This could be your big moment. Come on, what do you say?" Er versuchte wirklich, Jola die Rolle schmackhaft zu machen.

Aber Jola schüttelte kaum sichtbar den Kopf. "I don't know, Mr – "

Mr Coltrane winkte ab. "Be **brave**, Jola", posaunte er mit einer theatralischen Geste und wendete sich seiner Rollen-Liste zu. "Okay, let's see who's next. I want to **start rehearsals**!"

Verzweifelt warf Jola einen Blick zu ihren Freundinnen.

Lina meldete sich zu Wort: "But Jola is really *very* brave, Mr Coltrane, it's just that she **doesn't like** being on **stage** …"

---

there aren't es gibt nicht
many viel
lines *hier:* Text
like wie
not any keine
brave mutig
start rehearsals mit den Proben anfangen
doesn't like mag nicht
stage Bühne

"Thank you, Lina, but that's **enough** now", meinte Mr Coltrane. "If you **only** do things you like doing and that you can **already** do, you'll **never** learn **anything** new. That's **just** boring! **Anyway**, we **need** **everybody** on stage, **including** Jola." Er klang jetzt sehr entschieden.
Irgendwie bewunderte Patsy ihn. Er wusste, wie man bestimmte Wirkungen erzielte. Nun lächelte er nämlich schon wieder, und zwar in Richtung Jola.
"**By the way**, I **gave** Jola my favourite part. I **would love to** play the Queen! I think she**'s very lucky** to have this part. Now, let's see – **what about** the rest of you ..." Aber weiter kam Mr Coltrane nicht.
Plötzlich wurde die Tür aufgerissen und Alina stürzte herein, laut kreischend. "Mein Smartphone, mein

---

enough genug
only nur
already schon
never nie
anything etwas
just einfach
anyway jedenfalls
need brauchen
everybody alle
including einschließlich
by the way übrigens
gave habe gegeben
would love to würde liebend gern
is very lucky hat ein großes Glück
what about was ist mit

nagelneues Smartphone, wer ist der Idiot, der mir mein Smartphone geklaut hat?!"

Mr Coltrane starrte sie ebenso überrascht an wie der Rest der Klasse. Dann übersetzte er: "My smartphone, my brand new smartphone, who's the idiot who's stolen my smartphone? – Alina, this is an English **class**, so say what you have to say, but please say it in English. **Calm down first**, and **then** tell us what**'s happened**."

"I was, äh, Mist, ach", stotterte Alina, "ich kann das nicht so schnell auf Englisch sagen! Ich war auf der Toilette ..."

"I was in the toilet ...", übersetzte Mr Coltrane ohne mit der Wimper zu zucken.

"... und ich habe es auf dem Waschbecken liegen gelassen ..."

"... and I left it on the basin ..."

"... und als ich rauskam ..."

"... and when I came out ..."

"... war es weg!"

"... it was gone!"

"Geklaut!"

"Stolen!"

---

class Unterrichtsstunde
calm down beruhige dich
first zuerst
then dann
has happened passiert ist

UHN
(GALLUS)
"gack!"
DO NOT
DISTURB!
(Rehearsal)
→ THX.

Einen Augenblick lang geschah gar nichts. Schweigen. Dann hörte man eine leise Stimme flüstern: "Off with his head!"

Alle drehten den Kopf zu Jola, und viele Gesichter verzogen sich zu einem breiten Grinsen.

Nur Alina verstand nichts, denn sie war ja nicht dabei gewesen, als Mr Coltrane den Text der Queen zitiert hatte. Sie regte sich fürchterlich auf: "Macht euch ja nicht über mich lustig, wir finden den Dieb schon, mein Vater ist Kriminalbeamter und wir können das Gerät orten, verlasst euch drauf, der Dieb wird seine gerechte Strafe bekommen!"

Mr Coltrane hatte wohl keine Lust mehr, Alinas Tiraden weiter zu übersetzen. "Alina, **dear**, you're late. I understand that you have a problem, and we**'ll continue** with the **investigation** in a minute. But you **were** late for the **start** of the lesson."

Alina starrte ihn ungläubig an. "But I was … ich bin das Opfer eines Verbrechens!"

"… the victim of a crime? **Well**, let's see. How long were you in the toilet, and how long was your smartphone outside?"

---

dear meine Liebe
will continue werden fortfahren
investigation Untersuchung
were warst
start Anfang
well nun

Alina schien ihn nicht zu verstehen, also sprang Patsy ein: "Er will wissen, wie lange du in der Toilette warst und dein Smartphone alleine da herumlag."
Mr Coltrane nickte und fuhr fort: "Maybe somebody just found it there and thought it had been forgotten? Maybe he, or she, has taken it to the headmaster?"
Patsy übersetzte weiter: "Vielleicht hat es jemand da gefunden und gedacht, dass es vergessen wurde, und vielleicht hat er oder sie es zum Direktor gebracht ..."
Alina zuckte die Achseln. "Ich weiß nicht ..."
"Well", seufzte der Lehrer, "you **should check** this first, before you say that **someone** has been stealing from you. So, tell me: how long were you ... erm ... on the loo?"
"Er meint, bevor du andere wegen Diebstahls verdächtigst, solltest du das zuerst genau prüfen. Außerdem will er wissen, wie lange du auf der Toilette warst", half Patsy.
Alina schaute sie böse an. "Mann, ich versteh das schon, ich bin doch nicht blöd!"
Patsys Hilfe war nur gut gemeint gewesen, aber sie konnte das Übersetzen selbstverständlich auch sein lassen. Alina stammelte nun herum: "Well, Mr Coltrane, ich weiß nicht – I don't know **exactly** ..."

---

should solltest
check kontrollieren
someone jemand
exactly genau

"Well, Alina Lühr, I do**n't** know **either**, but I'm **sure** that it wasn't **more than** an hour!" Die langen Finger des Lehrers deuteten auf die Klassenuhr, die unmissverständlich anzeigte, dass die Doppelstunde Englisch bald zu Ende war und Alina anscheinend über eine Stunde auf der Toilette verbracht hatte. "Do you have an **upset stomach**, **perhaps**?"
Hilflos sah Alina sich um. In der Klasse war sie nicht sehr beliebt, weil sie ständig andere anzickte. Darum schwiegen alle. Niemand wollte ihr Böses, aber es fiel auch niemandem ein, wie man sie aus diesem Schlamassel retten könnte. Zudem war es auch nicht das erste Mal, dass sie behauptete, jemand hätte ihr etwas gestohlen. Und immer hatte sich das vermisste Objekt zwischen ihren Sachen wiedergefunden. Sie war einfach ziemlich hysterisch, dachte Patsy, und so dachten die meisten.
Alina war mittlerweile so rot wie Jola vorhin.
Patsys Freundin schlug vor: "**Shall** I go and **look around**? I could see if I can find it **somewhere**."

---

not either auch nicht
sure sicher
more than mehr als
upset stomach Magenverstimmung
perhaps vielleicht
shall soll
look around (mich) umsehen
somewhere irgendwo

“**Hold on**, Jola”, bremste sie Mr Coltrane. “I think everybody here should open their bags first to **show** Alina that nobody has her smartphone. **Do you** all **agree?**”
Patsy schüttelte den Kopf, denn niemand hatte in der Stunde die Klasse verlassen, es konnte also niemand von ihnen gewesen sein. “But Mr Coltrane, nobody **has left** the **classroom**, so it can’t **have been** one of us.”
Mr Coltrane sah Patsy nachdenklich an und nickte. “You**’re right**, Patsy, thank you. **All right**, **go ahead**, Jola. It’s very nice of you to help look for Alina’s phone. You can sit down now, Alina. If Jola doesn’t find it, I **suggest** we go and see the headmaster in the break. But now I **would like** to **finish casting the play**!”

Hold on. Warte mal.
show zeigen
Do you agree? Seid ihr einverstanden?
has left hat verlassen
classroom Klassenzimmer
have been gewesen sein
are right hast Recht
All right. In Ordnung.
Go ahead. Mach schon.
suggest schlage vor
would like möchte
finish casting the play das Casting für das Stück zu Ende bringen

Patsy wollte Jola begleiten, es wäre eine willkommene kleine Pause. "I'd like to go with Jola, Mr Coltrane, if that's okay? You**'ve given** me my part already."
"Okay – yes, Patsy, please go ahead."
Während Patsy hinter Jola die Klasse verließ, hörte sie noch die Stimme des Lehrers: "Alina, you're playing the Duchess!"
Offensichtlich traute Alina ihren Ohren nicht. "But isn't she äh, hässlich, I **mean**, ugly?"
Mr Coltrane klang äußerst gelassen. "**So what?** It's a funny part! And you'll be wearing a **mask**, or lots of **make-up**. **Don't worry!**"

Ohne das Smartphone gefunden zu haben, kehrten Patsy und Jola wenige Minuten später in die Klasse zurück. Unterdessen hatte jemand vorgeschlagen, dass Alina doch noch einmal in ihrer Tasche nachsehen sollte. Für alle Fälle nur, sicherheitshalber, bevor sie zum Direktor gehen und ihren Polizistenvater auf den Dieb ansetzen würde.
Und siehe da …

---

have given hast gegeben
mean meine
So what? Na und?
mask Maske
make-up Schminke
Don't worry. Mach dir keine Sorgen.

Surrounded by Thieves

"Under her **lunchbox**, **hidden** between two pencil cases – there it was. Because it's pink, like all her **stuff**, she just didn't see it!"
In der kleinen gemütlichen Küche bei Patsy saßen Jola, Lina, Patsy und Ali – vier von den fünf Undercover Kids. Patsys Vater buk Pfannkuchen und lauschte dem Bericht seiner Tochter.
"I don't believe it! You say her father's a policeman?", meinte er. "Do you think she's been listening to too many stories about **criminals**?"
Ali nickte und aß verzückt seinen Blaubeerpfannkuchen. "Ich glaube auch, sie sieht Verbrecher an jeder Straßenecke."
Patsy kicherte. "Surrounded by thieves ... ach, wenn all die Diebe doch nur auftauchen würden – wir erwischen sie und zwar sofort!" Patsy fing an, das Bandenlied zu singen, und die anderen stimmten mit ein: "*We can **bet you** that we**'re going to get** you – we're the Undercover Kids!*"
Es klingelte Sturm an der Tür und alle sprangen auf.

---

lunchbox Brotdose
hidden versteckt
stuff Kram
criminals Verbrecher
bet you wetten
are going to get werden erwischen

"That's Mum!" Patsy war ungeheuer aufgeregt. "We**'ve got to** go! **Hurry up!** Take a pancake to eat **on the way**! Come on!"
Endlich war es so weit – ihr Cousin Henry James Fitzgerald, von ihr liebevoll Hey Jay genannt, und Granny würden gleich ankommen.
Ali grinste mit vollem Mund. "Endlich wieder ein zweiter Mann in unserer Bande, ihr glaubt gar nicht, wie ich mich freue!"
Die Pfannkuchen in der Hand, rannten sie durch den breiten Hausflur mit den knarrenden Holzdielen hinaus in den warmen Sommernachmittag und sprinteten auf das große blaue Auto zu, dessen Schiebetür schon weit offen stand. Als Letzter schlüpfte Patsys Vater auf den Beifahrersitz.
"Aber dieses Mal jagt ihr keine Verbrecher mit Henry James, versprecht ihr mir das?" Patsys Mutter schaute in den Rückspiegel und suchte die Augen ihrer Tochter.
Die verzog unschuldig das Gesicht. "Aber Mama, das können wir doch nicht so einfach entscheiden! Wenn um Hilfe gerufen wird, helfen wir. Und wenn direkt neben uns etwas Schlimmes passiert – was sollen wir tun?! Du siehst, es liegt gar nicht in unserer Hand.

---

have got to müssen
Hurry up! Beeilt euch!
on the way unterwegs

Darum können wir dir nichts versprechen. Aber wir passen auf jeden Fall gut auf uns auf!"

Patsys Mutter seufzte laut und warf einen kurzen Seitenblick auf ihren Mann. "Sag du was", bat sie ihn.

"What can I say?" Patsys Vater zuckte mit den Schultern. "I say we should **trust** our Undercover Kids." Er drehte sich um und zwinkerte Patsy und den anderen zu. "But if it **ever gets** dangerous, you**'ll call either** us **or** the police, **promise?**"

"Promise", riefen Patsy, Ali, Lina und Jola wie aus einem Mund.

Ungeduldig warteten sie in der Ankunftshalle auf ihre Gäste aus Wales. Immer wieder öffnete sich die Schiebetür und gab für einen Moment den Blick frei auf all die, die am Laufband standen und auf ihre Koffer warteten. Ihre Großmutter und ihren Cousin konnte Patsy aber noch nicht entdecken.

Endlich sah sie seine karierte Kappe aufblitzen. Sie hüpfte wie ein Flummi auf und ab und winkte wild. "Hey Jay! We're here! Hey Jay!", rief sie, und die andern riefen lauthals mit.

---

trust vertrauen
ever jemals
gets wird
will call werdet anrufen
either … or entweder … oder
Promise? Versprochen?

Und schon kam Hey Jay angerannt, hinter ihm versuchte Granny, mit ihm Schritt zu halten. Da ihre Begrüßung sehr lautstark ausfiel, schauten alle Leute zu ihnen hin, manche belustig.
“Let’s have a **welcome drink** at the bar!”, schlug Patsys Mutter vor, nachdem sich der erste Sturm gelegt hat. Und als sie alle vor ihren Getränken saßen, redeten sie immer noch wild durcheinander.
Neben ihnen saß eine Frau und schien sich mitzufreuen. “Where are you from?”, fragte sie Granny.
“Oh, I live on a farm in a little village in Wales”, antwortete Granny bereitwillig. “You **sound** very English – where do you live? London?”, vermutete Granny.

“That’s right”, bestätigte die Frau. “I’m on my way **home**. I hope my children give me a lovely big welcome like you just **had**! My name’s Ellie Macpherson, by the way”, sagte sie, zog ihre Tasche auf ihren Schoß und wollte bezahlen. Aber dann stutzte sie. “Oh my **God**!”, flüsterte sie und durchsuchte hektisch ihre Tasche. “Where’s my purse?”
Alle schauten wie gebannt zu.
“I **hope** it’s in there”, raunte Patsy.

---

welcome drink Begrüßungsgetränk
sound klingen
home nach Hause
had hattest
God Gott
hope hoffe

Mrs Macpherson drehte ihre Tasche um und kippte den Inhalt auf den Tresen. Ihre Geldbörse war nicht dabei. Hektisch sah sie sich um. “Thank God I **put** my **passport** and **boarding card** in my **jacket pocket**”, seufzte sie und zog beides aus der Jackentasche. “But **what on earth** do I do now?”
Patsy sah sich um. Es war wie immer viel los am Flughafen. An einem Schaufenster standen zwei junge, auffällig schick gekleidete Frauen, die zu ihnen herübersahen. Als Patsys Blick auf sie fiel, wendeten sie sich ab und spazierten gemütlich weiter.

---

put habe gesteckt
passport Reisepass
boarding card Bordkarte
jacket pocket Jackentasche
what on earth was in aller Welt

Überall liefen Leute herum und schauten sich die Auslagen an oder blickten auch mal in ihre Richtung. Es war nichts Besonderes zu bemerken.
"What was the last thing you **did**?", erkundigte sich Hey Jay.
"Well", antwortete Mrs Macpherson, "I **bought some** German **sweets** for my children at a shop round the corner."
"So let's go and ask them **whether** they've found your purse", schlug Lina vor.
Patsys Mutter seufzte. "Und schon geht's wieder los", sagte sie mit einem gespielt verzweifelten Blick, lächelte Mrs Macpherson dann aber aufmunternd zu und meinte: "Don't worry, we'll help you."
"What exactly **is missing**?", erkundigte sich Lina. Unterdessen waren Hey Jay und Ali schon unterwegs zu dem Süßigkeiten-Laden.
"My **credit card** and my money. But I don't think I had **much cash left**."

---

did gemacht haben
bought habe gekauft
some einige
sweets Süßigkeiten
whether ob
is missing fehlt
credit card Kreditkarte
much viel
cash Bargeld
left übrig

"Sag ihr, dass sie ihre Karte sofort sperren lassen muss", raunte Patsys Mutter ihrem Mann zu. Er nickte und wendete sich an Mrs Macpherson: "You should **cancel** your credit card **straight away**."
"Oh yes, that's right – I'll do it now." Sie durchwühlte ihre Sachen. "Oh no! My mobile's gone too!"
"So you're missing **some** money, your credit card and your mobile, is that right? Anything else?", hakte Lina nach.
Mrs Macpherson durchsuchte noch einmal ihre Tasche und nickte schließlich. "And my purse, too, but that's all", murmelte sie.
Die Jungen kehrten zurück und Hey Jay hielt eine Geldbörse in der Hand. Das Gesicht von Mrs Macpherson hellte sich auf und sie rief erfreut: "That's my purse!"
Aber Ali schüttelte betrübt den Kopf, als Hey Jay ihr die Börse reichte. "We found it in the corner of the shop. Someone **probably threw** it **away**. **I'm afraid** it's empty."
Ellie Macpherson schaute in ihre leere Geldbörse und seufzte. "Well, my credit card can be cancelled, and I

---

cancel sperren lassen
straight away sofort
some etwas
probably wahrscheinlich
threw away hat weggeworfen
I'm afraid ich fürchte

only had about ten euros left. The purse was a present from my children, **though**, so you've found the **most valuable** thing." Sie strahlte die beiden Jungen an, dann wurde sie schlagartig wieder ernst. "But now I can't give you a **reward** … In fact, I ca**n't even** pay for my drink!"
"Oh, don't worry, we'll do that!", beruhigte Granny Mrs Macpherson. Als sie ihr Portemonnaie hervorzog, fiel ihr allerdings auf, dass sie nur englische Pfundnoten dabei hatte und keinen einzigen Euro. Granny schaute gespielt verzweifelt und meinte: "**Oh dear!** I'm afraid one of you will have to invite me, too, because I've only got British pounds!"

Alle lachten, und selbstverständlich luden Patsys Eltern die ganze Gesellschaft ein.
"Don't you want to **report** it to the police?", fragte Jola.
Mit einem Blick auf ihre Armbanduhr schüttelte Mrs Macpherson den Kopf. "No. I would if I could, but I have to go and **catch** my **flight**. It would **take** too

---

though aber
most valuable wertvollste
reward Belohnung
not even nicht mal
Oh dear! Oje!
report melden
catch erwischen
flight Flug
take dauern

long. But I would like to give you my address. If you ever come to London, you must **let** me **know** so I can invite you for tea. Will you do that?"
Das klang nach einer ernst gemeinten Einladung, und Patsy fand die Frau so nett, dass sie ihre Adresse auf jeden Fall aufheben wollte – für den Fall, dass sie tatsächlich mal nach London kommen würde.

Eine Stunde später saßen sie in der gemütlichen kleinen Küche von Patsy und ihren Eltern. Der HWR, also der Hauswirtschaftsraum, war wie immer für Granny vorbereitet. Und in Patsys Zimmer stand das Feldbett für Hey Jay.
Als sich Lina, Jola und Ali abends verabschiedeten, waren sie sehr traurig, dass sie nicht zusammen bleiben konnten für diese Nacht. Aber immerhin hatten sie schon einen Plan für die nächste Woche. Doch zuerst sollten Patsys Eltern auch ein bisschen Zeit mit Hey Jay verbringen dürfen.

---

let ... know ... Bescheid sagen

Theaterproben und eine seltsame Begegnung

Die kleine Sporthalle neben der Schule war reserviert für die Proben zu "Alice in Wonderland". Als Patsy und Hey Jay gähnend eintrafen, waren die anderen alle schon da.

Mr Coltrane begrüßte Hey Jay stürmisch: "Ah, so you're Patsy's cousin! Nice **to meet** you – **I've heard** so much about you. You *must* be in our play. I **insist**!"

Hey Jay ließ sich die Hand durchschütteln und nickte wieder und wieder. "Yes, sure, I'd love to."

Hey Jay war in der Schule wohlbekannt, es war nicht das erste Mal, dass er seine Kusine Patsy besuchte. Jedesmal – außer in den Ferien natürlich – nahm Patsy ihn mit in die Klasse. Und Mr Coltrane war einfach begeistert, dass er nun noch einen zusätzlichen Schauspieler hatte, der dazu auch noch perfekt Englisch sprach.

"I'll tell you what I thought you could do", sagte Mr Coltrane mit bedeutungsschwangerer Stimme. "I'd like you to be the **caterpillar**."

---

to meet kennenzulernen
have heard habe gehört
insist bestehe darauf
caterpillar Raupe

Hey Jay stutzte. “A caterpillar? I don’t **actually** know the story very well, sir – can I read it first?”
“Of course, of course”, meinte der begeisterte Lehrer, “**I’ve got** a **copy** of the play for you here.” Damit überreichte er Hey Jay ein Buch. “We**’re going to create** more of the play in rehearsal. You’re all going to **improvise**!”
Jola und Lina steckten die Köpfe zusammen. “*Was* will Mr Coltrane? Improvisieren? Was bedeutet das?”, fragte Jola.
“Das bedeutet, dass er noch kein richtig fertiges Theaterstück hat”, sagte Lina. “Also wird er sich die Kapitel im Buch mit uns angucken und uns dann dazu improvisieren lassen. Ich kenne Improvisation sonst nur von der Musik, aus meinem Geigenunterricht. Du hast ein Thema, und dann spielst du, was immer dir dazu einfällt. Das macht tierischen Spaß.”
Jola wurde ganz mulmig. “Hm, ich weiß nicht, was mir so spontan zu der Königin einfallen soll. Ich habe keine Ahnung, aber echt viel Schiss davor. Und dann soll ich irgendwas *machen* und keiner sagt mir, was? Ich finde, das klingt kein bisschen nach Spaß.”

---

actually eigentlich
have got habe
copy Exemplar
are going to create werden gestalten
improvise improvisieren

Lina beschwichtigte Jola: "Weißt du, deine Rolle taucht erst ziemlich weit hinten auf. Bis dahin hast du gesehen, wie's geht."
Etwas beruhigt war Jola jetzt, aber eben nur etwas. Zu gern wäre sie die Rolle der Königin wieder losgeworden. Aber sie wusste nicht, wie.

Bald darauf saßen sie alle im Kreis und unterhielten sich über die Geschichte. Dabei kam heraus, dass viele das Buch noch nicht zu Ende gelesen hatten.
Das brachte Mr Coltrane auf die Idee, die Geschichte von Patsy erzählen zu lassen. Patsy sollte schließlich auch im Stück als ***storyteller*** alles berichten, was man nicht zeigen oder nur schwer darstellen konnte.

"It all begins when Alice –"
"That's me", unterbrach Lina. "I'm Alice in Wonderland!"
"... Alice is in the garden with her sister. She **falls asleep** and starts to dream ...", fuhr Patsy fort, wurde aber gleich wieder von Lina unterbrochen.
"Aber die Leser erfahren das im Buch doch erst am Ende, darum dürfen die Zuschauer nicht merken, dass ich schlafe! Das ist kein Problem, das kann ich locker improviseren." Damit legte sie sich kichernd in eine Ecke der Sporthalle und drehte sich um, sodass

---

storyteller Erzählerin
falls asleep schläft ein

man nur ihren Rücken sah. Natürlich konnte so keiner erkennen, ob sie schlief.
Nun begannen einige, wie Vögel zu zwitschern, und wenn man die Augen schloss, kam es einem vor, als wäre man wirklich in einem Garten.
Patsy fuhr fort: "**Suddenly** a white rabbit **appears** ..."
"And that's me", sagte Andy. "I'm the White Rabbit, and I can talk and walk like a **human being**." Mit diesen Worten spazierte Andy los. Zwischendurch versuchte er, zu hoppeln wie ein Hase, quer durch die Halle. "Und ich sage immer: 'Oh dear, oh dear, I **shall be** too late.'" Andy warf dabei wilde Blicke in Richtung der großen Hallenuhr.
Patsy grinste und erzählte weiter. "Alice watches the White Rabbit **for a while**, and then she **decides** to **follow** him."
Nun stand Lina auf und verfolgte das Kaninchen so unauffällig, wie sie nur konnte.
"Quer durch die Zuschauer", rief Max, "das wäre doch eine prima Idee. Ihr klettert durch die Zuschauerreihen!"

---

suddenly plötzlich
appears erscheint
human being Mensch
shall be werde sein
for a while eine Weile
decides beschließt
follow folgen

Und schon lief Andy zwischen ihnen herum, wackelte immerzu mit seiner Nase und schnupperte an einigen.
"Und wenn das Kaninchen in seinem Bau verschwindet und Alice hinter ihm her, dann nehmen wir den Vorhang, der noch geschlossen ist. Andy und Lina schlüpfen einfach durch und verschwinden", schlug Jola vor.
Das erschien allen eine gute Idee zu sein, denn wie sollte man sonst zeigen, dass Alice in einen Kaninchenbau klettert?
"Alice follows the rabbit", erzählte Patsy, "and ..."
Weiter kam sie nicht.
"Wie wäre es, wenn wir das Rutschen durch den Bau mit Geräuschen unterlegen? Es kann ganz dunkel sein im Saal und man hört nur diese Sounds!", rief Max. "Ich kann das mit meinem Computer aufnehmen!"
Schon begann die ganze Klasse zu schmatzen und zu gurgeln – was auch immer ihnen an seltsamen Geräuschen einfiel, damit man sich gut vorstellen konnte, wie Alice immer tiefer und tiefer durch den Kaninchenbau rutschte.
"Will the **fall** never **end**?", rief Lina als Alice.
"She **finally lands** in a small room with lots of doors", erzählte Patsy weiter.

---

fall Sturz
end enden
finally schließlich
lands landet

"Da machen wir ein Bühnenbild", rief Jola begeistert. "Wir brauchen nur Tapeten, malen Türen drauf und hängen sie an die Wände."
"That's a very good idea", meinte Mr Coltrane.
Jola war ganz in ihrem Element. "Und für das Kaninchen nehmen wir so einen billigen weißen Maleranzug. Dann schminken wir Andy weiß im Gesicht und brauchen nur noch ein paar Ohren für ihn!"
"Das ist kein Problem, ich bin mal als Kaninchen gegangen, zu Fasching", sagte David und verzog das Gesicht, als einige bei der Vorstellung kicherten.
Plötzlich redeten alle durcheinander, denn viele von ihnen hatten noch alte Faschingskostüme, und manches davon könnten sie gebrauchen für all die Tiere, die in der Geschichte vorkamen.
Patsy versuchte über das Stimmengewirr weiterzusprechen. "On a table Alice finds a key that **fits** one of the doors – but the door is too small, and Alice is too big …"
"Also brauchen wir große und kleine Türen", hörte man Jola murmeln. In einem großen Heft machte sie sich laufend Notizen.
"Und jetzt finde ich ein Fläschchen auf dem steht: *Drink me!* Ich trinke und trinke und werde immer kleiner! Wie sollen wir das denn machen?", fragte Lina ratlos und alle dachten nach.

---

fits passt zu

"Wie wäre das?", unterbrach wieder Jola die Stille. "Es zischt und brodelt, das macht Max am Computer, das Licht flackert, an und aus, an und aus, und wir tauschen die Kulissenbilder – zuerst sind kleine Türen da, und dann große."
Alle nickten anerkennend.
Lina seufzte. "Ich werde immer kleiner und sage: 'It might end **in my going out altogether**, like a candle. **I wonder what I should be like** then?'"
"Aber", sagte Patsy, "Alice verschwindet nicht, sie hat plötzlich die richtige Größe, um durch die Tür zu passen. Now Alice is so small that she can fit through the door – but she's left the key on the table, and because she's now too small to **reach** it, she can't open the door!"
Lina begann leise zu weinen, während Patsy fortfuhr: "But then she finds a box, with the words 'Eat me!' **written** on it. She finds a cake inside, **takes a bite**, and **grows taller** and taller …"

---

in my going out mit meinem Verlöschen
altogether ganz und gar
I wonder ich frage mich
what I should be like wie ich wäre
reach erreichen
written geschrieben
takes a bite beißt rein
grows taller wird größer

"That's great, but ...", rief Andy, "... how can we do that on stage? Lina's playing Alice, and she may be very good, but she can't make herself smaller or taller!"
"**True**", bestätigte Mr Coltrane Andys Bedenken. "We really have to think how ..."
"Maybe when she**'s supposed to** grow we can do something with a **broomstick** and a **fake** head. And when she gets smaller we can use a little **puppet** in the **dark**!" Jola sprühte nur so vor Ideen, und alle nickten beeindruckt.
"Well, Jola, that sounds great!" Mr Coltrane strahlte. "You **seem** to have a talent for **stage design**!"
Jola wollte gerade vorsichtig fragen, ob sie nicht lieber für Bühnenbild und Kostüme zuständig sein dürfte, anstatt die Königin zu spielen.
Da meldete sich Janina zu Wort: "I'm sorry, Mr Coltrane, but I'm very hungry. Could we have a little break, please?"
Der Lehrer schaute auf seine Uhr. "Good idea. Why don't some of you go to the supermarket round the

---

True. Stimmt.
is supposed to soll
broomstick Besenstiel
fake künstlichen
puppet Marionette
dark Dunkeln
seem scheinst
stage design Bühnenbild

corner? I'll give you some money, and you can go and buy biscuits and sandwiches for everybody. We've got some drinks already."
Patsy und ihre Freunde boten sich an, das Einkaufen zu übernehmen, und rannten in den nahegelegenen kleinen Supermarkt.

Der Einkaufswagen war schnell ziemlich voll und sie schoben ihn in Richtung Kasse. Hey Jay versuchte die ganze Zeit, Euros in englische Pfund umzurechnen.
Plötzlich wurde es laut und wild um sie herum. Ein kleiner Junge rannte in Richtung Ausgang, zwei Verkäufer hinter ihm her, weiter vorne schnitt ihm eine Verkäuferin den Weg ab und hielt ihn fest. Schnell waren auch ihre beiden Kollegen zur Stelle und stellten den Jungen zur Rede: "Gib die Packung her. Sonst müssen wir die Polizei holen!"
Mit unschuldigem Blick sah der Junge zu den drei Erwachsenen auf, die ihn böse anschauten. "Aber ich habe nichts, ihr könnt mich gerne durchsuchen!" Und damit hob er seine Arme hoch, wie ein Gangster in einem Krimi.
Die Erwachsenen sahen sich an. "Dürfen wir ihn überhaupt anfassen?", fragte die Verkäuferin. Als sie Patsy und ihre Freunde erblickte, die wie angewurzelt dastanden und die Szene beobachteten, kam ihr ein Gedanke. "Würdet ihr uns helfen, bitte?", fragte sie.
Patsy und ihre Freunde schauten sich zweifelnd an.

Choc Choc!
PORGY
PORGY
SUPPE
CRUNCHY-Peanut
CRUNCHY-Peanut
CRUNCHY-Peanut
SNÄGI
FLASH
FLASH
HONIG FLIBS ohne Zucker!
Chips
Cream
KEKS ATTAC!
Chips
CHILI

"Kommt drauf an, worum es geht", erwiderte Ali.
"Ihr sollt meine Klamotten durchsuchen!", rief der Junge. "Die trauen sich nicht, mich anzufassen, und jetzt sollt ihr gucken, ob ich was geklaut habe. Hab ich aber nicht! Ihr könnt ruhig gucken!"
"Okay, dann mach ich das mal, ich bin schließlich auch ein Junge", entschied Ali und ging zu dem Kleinen, der viel jünger war als er und sie alle herausfordernd anfunkelte.
"Bin gespannt, ob du was findest", feixte der Junge.
Etwas zu frech, dachte Patsy. "He's **a bit too clever for his own good**, don't you agree?", raunte sie den anderen zu.

Hey Jay nickte nachdenklich, ohne Ali aus den Augen zu lassen.
Ali fand nichts. "Er hat nichts, wirklich gar nichts, schon gar keine Packung mit irgendwas, nicht mal Geld hat er bei sich", erklärte er den Verkäufern.
Die schüttelten verständnislos den Kopf und zogen schimpfend ab.
"Danke!", rief der Junge Ali zu und lief aus dem Laden.
"Was wolltest du denn hier kaufen, ohne einen Cent in der Tasche?", rief Ali noch hinter ihm her. Aber der Kleine war schon auf dem Gehweg.

---

a bit ein bisschen
too clever for his own good oberschlau

Draußen unterhielt er sich mit einem älteren Jungen und zeigte in den Laden. Er winkte Ali nochmal lachend zu und lief mit dem anderen die Straße hinunter.

Jola stupste Hey Jay an. "Let's follow them for a little while, okay?"

Hey Jay nickte begeistert.

"Sure, you two follow them and see what they do", sagte Patsy. "We'll pay for the food, then we'll walk **back** to school very slowly and wait for you there."

"But don't be gone too long", warnte Ali. Er hatte überhaupt keine Lust, hinter dem Jungen herzulaufen. Irgendwie ärgerte er sich über dessen herausfordernden Funkelblick.

"Okay – we**'ll meet** you back at school in exactly twenty minutes", versprach Hey Jay und verschwand mit Jola.

Zwanzig Minuten später standen Patsy, Ali und Lina mit ihren Einkäufen vor der Schule. Endlich bogen Hey Jay und Jola um die Ecke.

"Well that was **weird**", berichtete Hey Jay, etwas außer Atem. "We followed them, and I'm sure they **didn't realize** we were there. They were really hav-

---

back zurück
will meet werden treffen
weird seltsam
didn't realize haben nicht bemerkt, dass

ing fun. They **kept talking** and laughing **as** they walked away. We **had to** come back to meet you, but the last thing we **saw** was them going into a **furniture shop**."

"Die zwei Jungen sind in einen Möbelladen gegangen? Hm." Lina runzelte die Stirn.

"Perhaps we should ask in the supermarket later whether something was actually stolen", schlug Patsy vor.

"And in the furniture shop, too", fügte Lina hinzu.

Sie wollten gerade die Schultür öffnen, als David ihnen entgegenkam. "Mensch, wo bleibt ihr denn, wir dachten schon, ihr seid mit all den Keksen durchgebrannt!"

Grinsend rannten sie zur Sporthalle, wo sie sehnsüchtig erwartet wurden.

Essend und trinkend verfolgten sie die Geschichte von Alice weiter, bis eine Maus auftaucht, die Alice zu einem Wettlauf zwischen vielen Tieren mitnimmt. Die Maus sollte von Emma gespielt werden.

Jola saß neben Patsy, knabberte an einem Kartoffelchip, und flüsterte ihr zu: "Ich glaub, ich versteh langsam, warum Mr Coltrane alle auf der Bühne haben will. Das sind ja wirklich viele Figuren in der Geschichte."

---

kept talking haben weitergeredet
as während
had to mussten
saw gesehen haben
furniture shop Möbelladen

Mr Coltrane sah zu ihnen herüber. "Did you have a question, Jola?"
Jola schüttelte den Kopf. "Not really, Mr Coltrane. I was just saying that there are so many **characters** in the play. We're going to need **a lot of costumes**, masks and make-up!"
Er sah sie nachdenklich an und nickte. "Yes, Jola. You're right. Do we think we **can do it**?"
Jola rief: "Of course we can", und alle nickten.
Mr Coltrane strahlte über das ganze Gesicht. "You know, I've always dreamed of doing a production of 'Alice'. I love this story. It has **such** a **philosophical side**! It **makes** you **think about** being small or tall, and about what that **means** in **life**, too. And it's so funny, and the characters are so weird! Yes", seufzte er abschließend, "I'm very happy that **I'm working** with you on this play. I know you're all going to be great!"

---

characters Figuren
a lot of viele
costumes Kostüme
can do it schaffen es
such so
philosophical philosophische
side Seite
makes ... bringt ... dazu
think about darüber nachzudenken
means bedeutet
life Leben
am working arbeite

Eine neue Königin

Am nächsten Morgen studierten Patsy und Hey Jay die Nachrichten in der Tageszeitung. Dabei aßen sie Müsli mit Blaubeeren.
"What does it say?", fragte Hey Jay.
"Well, it seems there have been a lot of **thefts** recently."
Patsy lachte auf einmal, und Hey Jay sah sie fragend an. "What's so funny about theft?"
"Listen to this", meinte Patsy und übersetzte: "When a young **thief aged** between twenty-five and thirty tried **to snatch** an old lady's handbag as he **rode past** on his bike, she pulled him off the bike and **hit** him so hard with the handbag that he ended up in hospital."
Patsy und Hey Jay amüsierten sich köstlich über die Vorstellung, dass eine alte Dame einen jungen Dieb vom Fahrrad zerrt und ihn mit genau der Handtasche verprügelt, die er klauen wollte.
"I'll find **another** story for you, wait ..." Patsy übersetzte so schnell sie konnte. "Okay, here's one. A man

---

thefts Diebstähle
thief Dieb
aged im Alter von
to snatch an sich zu reißen
rode past vorbeigefahren ist
hit hat geschlagen
another noch eine

called the police and **told** them that a **taxi driver was being attacked**. He **even said** that someone **was shooting** with a **gun**! But when the police **arrived** they **found out** that it was just a scene from a film. The man who'd called them hadn't realized that he was standing on a **film set**, with five cameras **around** him!"

Patsy schüttelte ihren Lockenkopf. Wie konnte man eine Filmszene nicht erkennen!

"Oh, but this one is**n't** funny **at all** – actually, it's **disgusting**", schimpfte sie plötzlich. "Hold on a moment ... 'Angestellte der Deutschen Post öffnen Briefe und Päckchen und entwenden Geld und Wertgegenstände ...' – People working for the post office **have been opening** letters and **parcels** and stealing things!

---

told hat erzählt
taxi driver Taxifahrer
was being attacked angegriffen wurde
even sogar
said hat gesagt
was shooting geschossen hat
gun Waffe
arrived angekommen ist
found out haben herausgefunden
film set Filmkulisse
around ... um ... herum
not at all überhaupt nicht
disgusting abscheulich
have been opening haben geöffnet
parcels Pakete

That's **awful**. You know, sometimes I really don't understand **grown-ups**. The person who **sent** the letter **might be** poorer than they are!"

Hey Jay nickte, auch er hatte für so ein Verhalten kein Verständnis. Wie Patsy und ihre Freunde hatte auch Hey Jay ein ausgeprägtes Gerechtigkeitsgefühl. Und dafür war er bereit, viel zu tun – darum passten sie ja alle so gut zusammen.

"Warte mal – wait a minute … Here's something interesting! 'Seltsame Diebstähle am Hauptbahnhof. Die Opfer entdecken zu spät, dass sie beraubt wurden. Ihre Taschen sind aufgeschlitzt worden …' Wahnsinn! There've been some strange thefts at the train station. People walking around suddenly realize that their handbags are empty. When they **look** behind them, they see all their **belongings scattered** on the **ground** – all **except** their **valuables**! The police **discovered** that their bags had been **cut**

---

awful schrecklich
grown-ups Erwachsene
sent geschickt hat
might be könnte sein
look gucken
belongings Habseligkeiten
scattered verstreut
ground Boden
except außer
valuables Wertsachen
discovered hat entdeckt

open, probably with a **razor blade**. Wow! That's really interesting!"
Patsy und Hey Jay schauten sich an, und sie sah in seinen Augen, dass er dasselbe dachte wie sie: Wann fahren wir zum Hauptbahnhof?

Aber nun wurde es erst einmal Zeit für die Schule. Kaum saßen sie wieder in der Sporthalle, erzählte Patsy die Geschichte von Alice im Wunderland weiter: "Alice rennt mit den Tieren um die Wette ..."
"Puh, so viel rennen", seufzte Lina. "Das ist ja Sport pur! Außerdem verstehe ich die Spielregeln nicht ..."
"Weil es keine Spielregeln gibt!", sagte Patsy. "Schließlich gewinnen alle, und Alice soll Preise verteilen."
"But I don't have anything to give them! Only some sweets", meinte Lina.
"We love sweets", riefen nun alle, die diese Tiere spielen sollten, im Chor.
Patsy fuhr fort: "Und Alice verschenkt alle Süßigkeiten, die sie in ihrer Tasche hat. Und welchen Preis erhält sie selbst? Das einzige, was sie noch bei sich hat, ist ein Fingerhut – a thimble!"
"What's a thimble good for?", fragte Emma in die Runde.

---

cut open aufgeschlitzt
razor blade Rasierklinge

Jola antwortete wie aus der Pistole geschossen: "When you**'re sewing** something you can put the thimble on your finger so you don't hurt **yourself**. When you sew a button on a shirt, **for example**."

Wieder sah Mr Coltrane Jola nachdenklich an und runzelte die Stirn. Bevor Jola aber nachhaken konnte, erzählte Patsy schon wieder weiter.

"Als Alice ihre geliebte Katze Dinah erwähnt, laufen plötzlich alle Tiere weg und sie bleibt ganz allein zurück. Alice ist verzweifelt."

"Oh, my dear Dinah! I wonder whether I shall ever see you **again**?", rief Lina traurig.

"Aber plötzlich, suddenly", flüsterte Patsy, "taucht das weiße Kaninchen wieder auf und verwechselt Alice mit seinem Dienstmädchen."

"Why, Mary Ann", rief Andy mit seiner Kaninchenstimme. "Run home and **fetch** my gloves and **fan**!"

"Und Alice rennt brav in die Richtung, in die das Kaninchen zeigt, bis sie zu seinem Haus kommt. Wieder findet sie einen Trank und trinkt, und wieder wächst sie. Sie wächst, bis sie das ganze Haus ausfüllt!"

---

are sewing nähst
yourself dich
for example zum Beispiel
again wieder
fetch hol
fan Fächer

"We need a costume that looks like a house", rief Jola. "We can make it out of a **cardboard box** and paint it like a house, so that Lina's – I mean, Alice's – arms and feet **stick out**!" Sie sah das Kostüm schon ganz genau vor ihrem geistigen Auge.
Schon wieder warf Mr Coltrane Jola einen seltsamen Blick zu.
Patsy sah das und wusste instinktiv, dass dies der richtige Moment war. Sie meldete sich und wies ihren Lehrer darauf hin, dass sie ohne Jola all diese seltsamen und schwierigen Kostüme niemals hinbekommen würden. Patsy erzählte, dass Jola schon immer gerne genäht habe, zum Beispiel die Tücher und Decken für ihr Bandenlager …
Das Bandenlager! Patsy warf einen Seitenblick zu Hey Jay. Er wusste noch gar nicht, dass sie alle bald wieder auf dem Dachboden von Linas Eltern wohnen würden, genau so lange, wie das Theaterprojekt dauern würde. Das war jedenfalls der Plan. Patsy schweifte kurz ab mit ihren Gedanken, als die Stimme des Lehrers sie wieder ins Hier und Jetzt zurückholte.
"I think you're right", sagte der Lehrer nachdenklich. "Was there something else you wanted to say, Patsy?"
Patsy nickte. "I don't think Jola will have time to

---

cardboard box Pappkarton
stick out herausgucken

rehearse and learn her lines if she's making all these costumes. I think she should just be our stage and costume designer – she's going to have more than enough to do. Do you think that's **possible**?"

Mr Coltrane dachte nach. "Hmm. Perhaps someone who's playing one of the animals would like to play the Queen of Hearts **as well** ...?"

Bevor sich jemand für die Rolle melden konnte, hatte Ali die zündende Idee: "Why don't *you* play the Queen, Mr Coltrane? You said that this was your favourite character!"

Nun staunte Jola, als sie sah, dass das Gesicht ihres Lehrers rot anlief. Doch bei ihm war es nicht vor Angst, sondern vor Stolz.

"Do you really think ...?" Weiter kam er nicht, denn die ganze Klasse jubelte und johlte! Das würde ein großer Spaß, wenn Mr Coltrane seinen großen Auftritt als Königin bei ihrem Stück hätte!

Der leuchtende Blick des Lehrers wanderte zu Jola. "What do you think, Jola?"

Begeistert nickte sie. Ihr kamen sofort Ideen, wie sie ihn einkleiden würde, sodass Mr Coltrane als Königin neben dem König, den David verkörperte, ganz besonders verrückt aussehen würde. Sie wollte ihm

---

rehearse proben
possible möglich
as well auch

Schuhe mit Plateausohlen besorgen und eine riesig hochtoupierte Perücke! So würde er alle weit überragen und jeder würde ihn für die ideale Besetzung halten!

"I'll do everything I can to help make it a **fantastic** show, Mr Coltrane, but I'd really love it if I could just **concentrate on** the costumes, masks and stage design!", versicherte sie.

"All right, then. It's decided." Mr Coltrane wirkte rundum zufrieden. "From now on, Jola is **responsible** for costumes and stage design. But she's going to need a lot of **help** from all of you, too. Jola – you must tell us exactly what you need."

Jola strahlte wie ein Honigkuchenpferd. Hey Jay, Ali, Lina und Patsy freuten sich mit und Patsy nahm sich vor, Granny um Hilfe zu bitten. Ihre Großmutter machte in ihrem Häuschen in Wales alles selbst und hatte sicher noch viele gute Ideen für die Kostüme.

---

fantastic fantastische
concentrate on … (mich) auf … konzentrieren
responsible verantwortlich
help Hilfe

Amor Is Missing

Am Nachmittag trafen sie sich in ihrer Lieblingseisdiele "Il Gelato". Meistens konnten sie sich zwischen den vielen leckeren Eissorten kaum entscheiden. Sie hatten sich deshalb angewöhnt, Milchshakes mit immer einer anderen Sorte Eis zu bestellen.

Gleich wollte Patsy Hey Jay verkünden, dass sie demnächst alle zusammen in ihr Bandenquartier ziehen würden. Der Dachboden war perfekt für das gemeinsame Lernen von Texten – so hatten sie es den Eltern erklärt. Gleichzeitig würden sie dort eine Kostüm-Werkstatt einrichten.

Kaum hatten die fünf angefangen, ihre Milchshakes zu schlürfen, hörten sie, wie Carmen, die Frau des Eisdielenbesitzers Manfred, losschimpfte: "Das kann doch nicht wahr sein! Wo ist bloß die Statue, die wir damals aus Rom mitgebracht haben? Wer von euch hat sie zuletzt gesehen? Wer hat sie zuletzt abgestaubt?"

Carmen regte sich sehr auf, und Manfred versuchte, sie zu beruhigen. "So eine Statue verschwindet doch nicht einfach! Sie wird schon wieder auftauchen!"

Carmen schimpfte weiter vor sich hin und die Kellnerinnen schauten ganz betreten drein. Die Eisdiele von Carmen und Manfred war vollgestellt mit solchen kleinen Statuen.

---

is missing ist weg

Patsy sah sich um und entdeckte an einem Nachbartisch zwei junge Frauen, die sie an die Frauen vom Flughafen erinnerten. Sie war sich allerdings nicht sicher, denn diese beiden trugen ganz andere Kleidung und Frisuren. Die beiden sahen nicht mehr so schick aus, eher so, als ob sie auf ein Rockkonzert gehen wollten.

"Patsy, **what's up?**" Hey Jay hatte mitbekommen, dass Patsy mit ihrer Aufmerksamkeit woanders war.

What's up? Was ist los?

Sie beobachtete weiterhin die Frauen, die in ein angeregtes Gespräch vertieft waren, und Hey Jays Blick wanderte ebenfalls zu ihnen.
"I'm not sure", erklärte Patsy, "but I think **I've seen those** two **before** – at the **airport**. **You remember**, when Mrs Macpherson realized that her purse had been stolen? I think they **were standing nearby**. But I'm not sure."
"Well, they **definitely** haven't stolen a statue", raunte Ali. "Look, they're only carrying little handbags."
Nun schauten sie alle für einen Moment zu den Frauen, die davon nichts mitbekamen.
"Yes, but very expensive handbags", stellte Lina fest. "They're Fiorucci."
"They're what?", fragte Ali.
"Fiorucci. He's a **fashion designer**, and his **stuff** is very expensive", erklärte Lina. Ihre Mutter hatte eine stattliche Sammlungen von Handtaschen.

---

have seen habe gesehen
those diese
before schon mal
airport Flughafen
you remember ihr erinnert euch
were standing standen
nearby in der Nähe
definitely ganz bestimmt
fashion designer Modedesigner
stuff Zeug

Ali schüttelte ungläubig den Kopf. "I'll never understand women", sagte er und grinste breit in Richtung Patsy, Lina und Jola. Die drei streckten ihm gleichzeitig die Zunge heraus.
Inzwischen hatten die jungen Frauen doch wohl etwas mitbekommen, denn sie schauten plötzlich herüber. Dann riefen sie Carmen, um zu bezahlen.
Patsy grinste zu ihnen hinüber, und sie lächelten zurück. Am besten war es wohl, so zu tun, als wäre nichts, dachte Patsy. Wahrscheinlich war ja auch nichts.
"Carmen, wer waren denn diese zwei Frauen? Kennst du sie näher?", fragte Patsy, als Carmen das nächste Mal an ihrem Tisch vorbeilief.
"Und wie sah die Statue aus, die euch gestohlen wurde?", erkundigte sich Lina.
Carmen seufzte, und wenn ein Stuhl frei gewesen wäre, hätte sie sich sicher dazugesetzt. "Also, erst mal eins nach dem anderen. Die beiden Frauen von Tisch sieben meint ihr? Die sind Stammgäste und sonst immer nur am Wochenende hier. Ich glaube, sie reisen viel, vielleicht als Stewardessen? Und sie scheinen ziemlich viel Geld zu haben. Mehr weiß ich auch nicht. Ich frage meine Gäste ja nicht aus. Wieso, was ist mit ihnen?"
Alle fünf zuckten die Achseln, sogar Hey Jay – obwohl er so gut wie nichts verstanden hatte.
Lina meinte geistesgegenwärtig: "Sie hatten so auffällige Taschen dabei. Und meine Mutter sammelt

Taschen wie andere Leute Briefmarken. Meinst du, ich kann sie mal ansprechen? Sind die beiden denn nett?"
Carmen wiegte nachdenklich den Kopf hin und her. "Hm, ja, nett sind sie schon, aber irgendwie auch ein bisschen, naja, eingebildet. Aber vielleicht fühlen sie sich geschmeichelt, wenn ihr sie wegen ihrer Taschen fragt." Carmen dachte einen Moment nach. "So, und die Statue? Das ist ein kleiner Engel, genannt Amor, mit Pfeil und Bogen. Wisst ihr, die hat Manfred mir geschenkt, als wir durch Italien gereist sind, damals, vor zehn Jahren." Carmen verlor sich für einen Augenblick in ihren Erinnerungen. Dann seufzte sie. "Naja, wir haben viele Souvenirs, so schlimm ist es auch nicht, aber seltsam ist es schon. Die Statue war eigentlich nicht wertvoll, eigentlich nur für uns, als Erinnerung an unseren Hochzeitstag." Dann winkte sie ab. "So, nun muss ich aber weitermachen, Kinder."
"What did she say?", fragte Hey Jay, als Carmen wieder gegangen war.
"That those two ladies are probably rich and probably **quite** nice – but Carmen doesn't really seem to like them", fasste Patsy zusammen. "And that the statue was a little angel, the angel of love, called Amor. It was a present from her husband; he bought it for her years ago, when they were in **Italy**."

---

quite ganz
Italy Italien

Hey Jay nickte. “Hm” war sein einziger Kommentar. “But now”, sagte Ali, “now we must tell Hey Jay about our plan!”
Hey Jay machte große Augen. “Plan? What plan?”
“We**’re going to move** to Lina’s house, all of us, and **stay** in our **camp** in the attic! We**’re allowed to** stay there for the **whole** week of rehearsals. Isn’t that great?”
Patsy, Lina, Ali und Jola schauten Hey Jay erwartungsvoll an. Dessen Gesicht verzog sich zu einem breiten Grinsen. “That’s fantastic! So we’ll be **together all** day and all night! How cool is that?!”
Als sie durch die Straßen liefen, sangen sie ihren Bandensong:

***No matter** where you are,*
No matter what you did,
We can bet you
That we’re going to get you –
We’re the Undercover Kids!

---

are going to move werden umziehen
stay übernachten
camp Lager
are allowed to dürfen
whole ganze
together zusammen
all den ganzen
no matter egal

"When you're learning your lines", erklärte Mr Coltrane am nächsten Tag, "**keep asking yourself** *why* the person you're playing is saying that. That helps to keep it **fresh**."
"But how do you do that?", hakte Kevin nach.
"Okay, let me give you an example", schlug Mr Coltrane vor. "When the Queen says 'Off with her head', she might be **embarrassed**, because people aren't doing what she wants them to do. Or she might say it in an angry **way**, or she might be sad, or **impatient** – there are lots of ways an **actor** could say the lines. You must think about it and then decide. Another example: the caterpillar always **pauses** for a long time before he says anything, and then he speaks very slowly. Now, you mustn't just *do* that; you should first think of a **reason** *why* he's like that."
Da es sich bei der Raupe um Hey Jays Rolle handelte, waren alle gespannt auf seine Erklärung, warum die Raupe so langsam sprach und so lange Pausen machte.

---

keep asking yourself fragt euch immer wieder
fresh frisch
embarrassed verlegen
way Weise
impatient ungeduldig
actor Schauspieler
pauses hält inne
reason Grund

"Well … I **suppose** he might be **stoned** …? Because – well, I mean, when Alice meets him, he**'s smoking** a **water pipe**", vermutete der zuerst.
Die ganze Klasse kicherte. "Eine bekiffte Raupe auf unserer Schulbühne, das wäre was!", hörte man Laura murmeln.
"Well, that's one idea", erwiderte Mr Coltrane. "But I think that might be a bit boring for the actor. Maybe you can think of another reason why he speaks so slowly?" Mr Coltrane schaute in die Runde.
"Maybe he just doesn't like being **disturbed**?", schlug Ali vor.
Mr Coltrane nickte. "Perhaps he likes to sit there and meditate like Buddha, and think about the **meaning** of life **while** he smokes."
Dem stimmten alle zu, und Hey Jay bekam richtig Lust, die Szene mit Lina zu proben.
"So, **it's up to** you **as** an actor to decide", meinte Mr Coltrane und stand auf. "But you should always try to love your character!"

---

suppose nehme an
stoned bekifft
is smoking raucht
water pipe Wasserpfeife
disturbed gestört
meaning Sinn
while während
it's up to es liegt an
as als

Nach der Probe saßen die fünf noch bis abends mit Granny bei Patsy in der Küche, blätterten in "Alice im Wunderland" und diskutierten über Figuren und Kostüme.
"I've got this idea – I want to put **at least** five people into an **enormous** dog costume", sagte Jola und Granny kicherte. "Aber wo sollen wir denn nur eine Wasserpfeife herbekommen? Where can we **get** a water pipe?", fragte Jola mit einem etwas verzweifelten Blick. "They'll never sell water pipes to children." Sie seufzte.
"Well, I should hope not!", meinte Granny. "But maybe they'll sell one to an old lady like me?"

Ali hatte eine bessere Idee. "Smoking a water pipe is quite normal for **Turkish** men. My father and his brothers all do it. I'm sure I can **borrow** one from my uncle. No problem."
Alle nickten zufrieden und steckten die Nasen wieder in ihre Bücher. "Oh **my goodness**, look at that long **dialogue** between Alice and the caterpillar!", jammerte Hey Jay leise.

---

at least mindestens
enormous riesiges
get bekommen
Turkish türkische
borrow leihen
my goodness meine Güte
dialogue Dialog

Da Jammern sonst nicht seine Art war, schauten die anderen erstaunt auf.
"**To be honest**", erklärte er, "I love maths, but I hate **learning things by heart**. It's not my thing at all."
Lina legte ihre Hand auf seinen Arm. "Poor Hey Jay", sagte sie grinsend. "You'll just have to stay with me for **the next few** days and learn the dialogue with me. I hope that **won't** be too awful for you?"
Hey Jay schüttelte schnell den Kopf. "Oh no, of course not. It'll be a **pleasure**", versicherte er.
Patsy grinste. He's such a gentleman, my cousin, dachte sie stolz. Ihr selbst machte es nichts aus, Texte auswendig zu lernen. Im Gegenteil – sie liebte es. Als *storyteller* durfte sie ihren Text allerdings auch ablesen.
"By the way, what time can we bring our stuff to your house tomorrow?", wollte Patsy von Lina wissen.
"Well, in the afternoon, I thought. My mum and Peter like to **sleep in** on Saturdays, then we usually go to the **market** together. You can **come round after that**."

---

to be honest um ehrlich zu sein
learning things by heart Sachen auswendig zu lernen
the next few die nächsten
won't wird nicht
pleasure Vergnügen
sleep in ausschlafen
market Markt
come round vorbeikommen
after that danach

"Can I come to the market with you?", fragte Hey Jay. Als ihn alle verständnislos ansahen – wieso wollte er mit auf den Wochenmarkt? –, erklärte er: "I have**n't** been to a German market **yet**. And at home in Wales my parents do **most** of their **shopping** in supermarkets. I'm just **curious** about what you can get there, that's all."
Jola schlug vor, gemeinsam zum Markt zu gehen, um etwas Bandenverpflegung für die nächste Woche einzukaufen.
"But you won't find any crisps there, that's for sure", meinte Patsy kichernd.
Jola, die Chips über alles liebte, erhob stolz ihre Stupsnase. "I've got a big bag full of crisps already. Don't think you're going to get any now!"
Alle kicherten, und alle waren aufgeregt, weil sie sich auf den morgigen Tag freuten.

Als Jola, Lina und Ali nach Hause gegangen waren, konnten Patsy und Hey Jay vor lauter Aufregung lange nicht einschlafen.
"Hey Jay", flüsterte Patsy.
"Yes?", antwortete ihr Cousin leise.

---

not yet noch nicht
most den Großteil
shopping Einkäufe
curious neugierig

"Do you think we**'ll be able to** check **what's going on** at the station, and find the person who **stole** the statue, and find out more about those two women, and about the boy from the supermarket? All of this while we're rehearsing the play?" Patsy rauchte gerade der Kopf vor lauter Plänen.

Hey Jay gähnte. "Sure. We're the famous Undercover Kids; we can do anything. We'll start our investigation tomorrow afternoon, after we've been to the market and moved to Lina's house. But I have to learn my lines, too."

Patsy nickte. "Mm-hmm. Sounds good."

Im Traum erschien ihr Hey Jay als riesige blaue Raupe, die eine Wasserpfeife raucht. Vor ihm stand Lina als winzig kleine Alice. Jemand trug eine Statue vorbei, einen Pfeile schießenden Engel. Und der Dieb war Mr Coltrane mit seinen unglaublich langen Fingern. Er trug hochhackige, rosafarbene Schuhe und eine riesige Perücke und kicherte wie verrückt.

---

will be able to werden können
what's going on was los ist
stole gestohlen hat

A Suspicious Family

Am folgenden Morgen frühstückten Patsy und Hey Jay nur wenig, denn sie wollten sich im Marktcafé mit den anderen treffen und dort Croissants essen. Als sie nach dem Einkaufen alle beisammen saßen, erzählte Hey Jay Granny begeistert: "Wow! You don't just have fruit and salad and all **kinds** of vegetables, you've got cheese and fish and meat and bread and cakes, too. I love all the **different** kinds of German bread! And **I've bought** lots of good stuff for tonight – for all of us, I mean: olives and feta cheese and **stuffed** tomatoes and aubergines and ciabatta and **pastries** ..." Hey Jay war ganz außer Atem. "You can even buy clothes and **jewellery** and flowers here! It's fantastic", schwärmte er. Für Granny hatte er einen großen Blumenstrauß gekauft. So war Hey Jay. Sie genossen ihre ofenfrischen Croissants und tranken heiße Schokolade. Die drei Frauen, die das Marktcafé führten, hatten viel zu tun an einem so schönen Tag wie diesem.

---

suspicious verdächtige
kinds Arten
different verschiedene
have bought habe gekauft
stuffed gefüllte
pastries Gebäck
jewellery Schmuck

Plötzlich stieß Ali Patsy an: "Guck mal!"
Bepackt mit unzähligen Tüten und Taschen, lief eine größere Familie auf das Café zu. Unter ihnen war auch der kleine Junge aus dem Supermarkt, aber er hatte Ali noch nicht entdeckt.
Lina und Jola waren gerade in ein angeregtes Gespräch mit Granny über die Masken und Kostüme vertieft und bekamen nichts mit.
"Look, Hey Jay, there's the boy from the supermarket. He must have a **huge** family – or maybe they've got **guests** for the weekend", wisperte Patsy ihrem Cousin zu und zeigte auf die Gruppe, die sich an einem der hinteren Tische niedergelassen hatte.
Die ganze Familie lachte viel und laut und machte einen fröhlichen Eindruck. Die Mutter, noch jung und sehr hübsch, lachte am meisten. Drei ältere Kinder und der Vater, transportierten volle Tabletts mit Küchlein und Getränken zu ihrem Tisch.
"Wow, seven children! I hope they have a big house", murmelte Hey Jay.
Lina stieß Patsy an. "Isn't that the boy –"
"Yes", unterbrach Patsy ihre Freundin, "it's him. Do you think we should say hello?"
In diesem Moment hatte der Junge Ali entdeckt und kam schnurstracks auf ihren Tisch zugerannt. "Hey!

huge riesige
guests Gäste

Erkennt ihr mich noch?", rief er ihnen schon von Weitem zu.
Die fünf nickten.
Granny aber meinte: "Hello, dear, who are you? I'm Granny!"
Der Junge stutzte und starrte Granny an. Dann grinste er und meinte: "Warte mal!", rannte zu seiner Familie und kehrte mit seiner großen Schwester zurück.
"Du verstehst das bestimmt", erklärte er ihr auf dem Weg. "Du musst für mich übersetzen."
Granny wiederholte, was sie gefragt hatte. Und das Mädchen, das ungefähr sechzehn Jahre alt sein mochte und Patsy irgendwie bekannt vorkam, übersetzte.
Der Junge holte tief Luft und seine Augen funkelten wieder so wie damals im Supermarkt. "Sag ihr, ich heiße Tim Dahlkamp und ich bin der beste Skater der Stadt. Und ich finde sie sehr nett. Außerdem ist der da", damit zeigte er auf Ali, "mein Freund."
"Okay …", begann das Mädchen zögernd, "so: he wants me to tell you that his name is Tim Dahlkamp, he thinks he's the best skater in town, and he likes you. And that this boy", sie zeigte auf Ali, "is his friend." Liebevoll lächelte sie ihren kleinen Bruder an. "So, ich hab alles übersetzt, zufrieden?"
Stolz nickte Tim. "Cool. Und wie heißt du?", fragte er Ali.
"Ich heiße Ali."

"Kann ich mich zu euch setzen?", fragte Tim, hatte sich schon einen Stuhl geschnappt und ihn neben Ali geschoben. "Du kannst wieder gehen", befahl er seiner Schwester.

Das Mädchen lächelte breit. "Ich hoffe, das ist in Ordnung? Wenn er nervt, schicken Sie ihn zurück!"

Bevor Tim sie mit der Getränkekarte treffen konnte, war sie weggeflitzt. "Du bist gemein!", rief er hinter ihr her. Sie lachte nur.

Tim plapperte wild drauflos, und bald verstand er sich mit allen bestens.

Irgendwann wollten Patsys Eltern nach Hause. "Sorry", sagte Patsys Mutter bewusst auf Englisch. "Your new friend is very nice, but we have to go now. I **still** have to get a few things from the supermarket. And what about all of you? Didn't you want to move to Lina's house today?"

"Was sagt sie?", wollte Tim wissen.

"Wir müssen bald gehen", erklärte ihm Ali. "Wir haben noch viel vor heute."

"Echt? Kann ich mitkommen? Wohnt ihr auch alle zusammen?"

Die Undercover Kids mussten lachen.

"Nein, wir wohnen normalerweise nicht zusammen", sagte Jola. "Aber sag mal, ist es bei dir zu Hause so langweilig, dass du weg willst?"

---

still noch

“Nee, überhaupt nicht, ist immer was los”, antwortete Tim und strahlte. “Aber ihr seid auch nett. Kommt uns doch mal besuchen, und dann komm ich euch auch besuchen.”
“He wants us to visit him, and then he wants to come and visit us”, übersetzte Patsy für Hey Jay.
“Him visit us”, plapperte Tim nickend nach, stolz auf seine neuerworbenen Englischkenntnisse.
“Why not? Could be fun to see how they live”, meinte Lina mit bedeutungsvoller Stimme. Sie wussten schließlich immer noch nicht, ob der Junge im Supermarkt etwas geklaut hatte oder nicht.
Das erinnerte Patsy daran, dass sie noch heute im Supermarkt nachfragen wollten.

Als sie aufstanden, waren auch schon zwei von Tims großen Brüdern da, um Tim abzuholen.
“Mensch Paul, du nervst, und du auch, Michel”, schimpfte Tim mit ihnen, aber die beiden zuckten nur mit den Schultern. “Schreib mal unsere Telefonnummer auf, Paul!”, kommandierte der kleine Bruder.
Paul tat brav, wie Tim ihm befohlen hatte.
Stolz reichte der Kleine Ali den Zettel. “Für dich!”, sagte er und rannte hinter Paul und Michel her in Richtung Spielplatz.
“They look like a happy family. I like big families. I bet it’s never boring with so many people around!”, seufzte Jola, die alleine mit ihrer Mutter lebte.

Erst am Nachmittag, während sie ihr Bandenlager einrichteten, fiel Patsy ein, woher sie Tims Schwester kannte. Sie ging auf ihre Schule! Manchmal stand sie mit anderen rauchend im Park gegenüber.

Schnell hatten sie es sich in ihrem Bandenquartier gemütlich gemacht. Linas Katze **Sleeping Beauty** freute sich über die vielen Kinder, die mit ihr spielten und sie kraulten.

Eine Ecke hatten sie für die Nähmaschine von Jolas Mutter frei geräumt. In Kisten und Kästen warteten verschiedenste Bastelmaterialien und Stoffreste auf Jolas und Grannys Einfälle. Die beiden gingen gerade die Liste der Figuren durch und schauten, was sie bereits hatten.

"The first thing I'm going to make today is a hat for Ali as the **Mad Hatter**", beschloss Jola mit zusammengekniffenen Augen. "And we need a **teapot** and stuff for the tea party."

"Tomorrow is Sunday. There's a **flea market** nearby on Sundays. We can go there and **have a look**", schlug Lina vor.

"Good idea", freute sich Granny. "I love flea markets!"

Sleeping Beauty Dornröschen
Mad Hatter Verrückte Hutmacher
teapot Teekanne
flea market Flohmarkt
have a look uns umschauen

"And we have to make a **list** with all the things we need, because it'll be too expensive for us to buy everything", sagte Jola. Der Lehrer hatte ihr zwar Geld gegeben, aber sie wollte sehr sparsam damit umgehen und zuerst alle in der Klasse fragen.
Das erste Bühnenbild – das Ufer, an dem die Tiere mit Alice das Wettrennen veranstalteten – sollte heute gemalt werden. Gegen Abend wollten noch ein paar Mitschüler kommen und helfen.
"Ich will unbedingt noch in den Supermarkt", meinte Patsy. "Geht ihr mit?"
Alle nickten, nur Jola schüttelte den Kopf. "I can't. I've got too much to do. I'm going to start the hat **right now**. I have to **measure** Ali's head before you go." Sie zog ein Maßband hervor und legte es um Alis Kopf.
"Are you sure it's okay if we go? Don't you need us to help you?", fragte Lina. Doch Jola und Granny schüttelten nur den Kopf und waren schon ganz in ihrem Element.

Im Supermarkt war es wie jeden Samstag sehr voll und die Verkäufer hatten wenig Zeit. Aber schließlich erklärte sich einer bereit, mit ihnen zu reden.

---

list Liste
right now jetzt sofort
measure messen

"Nein, wir konnten nicht feststellen, ob der Junge tatsächlich etwas gestohlen hat. Seltsamerweise sind genau an dem Tag lauter Dekorationen bei uns verschwunden, Plastikweintrauben zum Beispiel. Komisch, nicht wahr? Aber der Junge hatte nichts bei sich, du hast ihn ja durchsucht. Naja, nochmal danke für eure Hilfe, und wenn er wieder auftaucht, werden wir ihn genau beobachten."
Nachdem sie Tim am Morgen näher kennengelernt hatten, konnten sie sich kaum noch vorstellen, dass er ein Dieb war. Und Plastikweintrauben passten so gar nicht zu ihm!
"I can't **imagine** he would steal something like that! That's **crazy**!", meinte Ali. "Come on, let's go and **check out** the furniture shop."
Die Verkäufer im Möbelladen kannten die Familie Dahlkamp gut. Ob etwas gestohlen worden war an dem Tag, konnten sie allerdings nicht sagen. "The family comes here **quite often**", übersetzte Patsy für Hey Jay beim Rausgehen die neuen Informationen. "They need a lot of glasses and plates, forks, spoons and **knives**, all that stuff, and they have lots of cheap

---

imagine (mir) vorstellen
crazy verrückt
check out überprüfen
quite ziemlich
often oft
knives *(pl)* Messer

ones here. They **also** sell **pillows**, towels, all kinds of things, all at very **low prices**. They said they know the family **well** and they all like them, because they're always laughing."
"Well", stellte Hey Jay fest, "it sounds as if they're **completely innocent**. Nothing's missing, anyway."
"Except some **plastic grapes**", murmelte Patsy. Irgendetwas stimmte hier nicht, da war sie sicher. Aber vielleicht bildete sie sich das auch nur ein. Und wichtig waren diese Weintrauben sicher auch nicht. All a big **fuss** about nothing, dachte Patsy.

Als sie wieder in ihrem Lager ankamen, nahm das erste Bühnenbild bereits Gestalt an. Und Jola hielt Ali stolz einen riesigen langen Hut entgegen. Als er ihn aufsetzte, rutschte er ihm bis zu den Ohren.
"Perfect!", freute sich Jola.
"It **suits** you!", rief Granny kichernd.

---

also auch
pillows Kopfkissen
low niedrigen
prices Preisen
well gut
completely vollkommen
innocent unschuldig
plastic grapes Plastiktrauben
fuss Getue
suits steht

"But I can **hardly** see anything in this hat!", rief Ali entgeistert. "How am I supposed to **move** around?"
"Well, that's your problem. You'd better **get used to** it. Just wear it and try", stellte Jola trocken fest und wandte sich wieder ihrer Bastel- und Nähecke zu. "I think it's good, anyway, because the Mad Hatter shouldn't move like Ali. And he's mad – so maybe he's got a **funny walk**?"
Ali schaute in den großen Spiegel, den Jola und Granny aufgebaut hatten und fand, dass er ziemlich schrill aussah mit diesem riesigen Zylinder. "And what's my costume like?", erkundigte er sich vorsichtig.
"I'll make you a long coat. Don't worry, you're going to look great", antwortete Jola.
Ali schien davon nicht so ganz überzeugt zu sein, aber er schwieg lieber und probierte seltsame Gangarten.

Es wurde ziemlich spät und das erste Bühnenbild hing endlich fertig zum Trocknen in einer Ecke. Es sah toll aus, sehr bunt, wie ein tropischer Regenwald. Jola und Granny nähten und bastelten noch weiter, bis ihnen fast die Augen zufielen.

---

hardly kaum
move (mich) bewegen
get used to (dich) daran gewöhnen
funny seltsame
walk Gangart

Überraschung am Bahnhof

Am nächsten Morgen schliefen alle ziemlich lange. Nach einem ausgiebigen Frühstück wollte Lina mit Hey Jay ihren Dialog einstudieren.
Patsy stöhnte. "Och nee, wie langweilig, how boring. Also, *ich* habe keine Lust, meinen Text zu lernen. I can learn my lines in the evening in bed. There are **plenty of other** things we could be doing during the day. Checking out the train station, for example."
Lina, Ali und Jola sahen sie erstaunt an. "What do you want to do at the train station?", fragte Ali.
"We **read** in the **newspaper** that there've been a lot of strange thefts", sagte Patsy. "It seems that the thieves **cut open** people's handbags, possibly with a razor blade."
"Ah, that sounds interesting. I'll go with you, if you like. Let's go there right now – if that's okay with you, Jola?", meinte Ali.
Jola stand auf. "Well, I **need to** stay here and **get started**. I'm going to work on the animal costumes

---

plenty of eine Menge
other andere
read haben gelesen
newspaper Zeitung
cut open ... schlitzen ... auf
need to muss
get started anfangen

first. Granny will be here **soon**, and Emma, Laura and Marvin are coming to help us, too. So you can go. But are you going to come with us to the flea market in the afternoon?", fragte sie.
Alle nickten und verabredeten einen Treffpunkt für später.
Dann stürzte Jola sich auf ihre Näharbeiten, Lina und Hey Jay setzten sich an ihren Text, während Patsy mit Ali zum Hauptbahnhof fuhr.

Dort war heute am Sonntag nicht sehr viel los. Nachdem sie eine Weile von der Fußgängerbrücke aus die Bahnsteige beobachtet hatten, wollten sie schon wieder enttäuscht gehen. Da stupste Ali Patsy an. "Schau mal – irgendwie verdächtig, die Jungs, oder?"
Eine Gruppe von Jungen stand auf einem Bahnsteig zusammen, dann strömten sie auseinander, um sich an einer anderen Ecke des Bahnhofs wieder zu treffen.
"Strange", murmelte Patsy.
Plötzlich rief eine Frau auf dem Bahnsteig um Hilfe. Jemand vom Aufsichtspersonal eilte zu ihr. Patsy und Ali beschlossen zu beobachten, was weiter passieren würde. Unauffällig schlenderten sie zum Bahnsteig hinunter, wo die Frau aufgeregt mit den Bahnbeamten redete, und belauschten das Gespräch.

---

soon bald

"Who are you?", fragte Hey Jay derweil als Raupe mit leiser, müder Stimme.
"I hardly know, sir", erwiderte Lina als Alice.
Es war wohl das zwanzigste Mal, dass sie die Szene zwischen Alice und der Raupe probten.
Um die Nähmaschine herum hockten Granny, Jola und ihre Helfer.
"He's always saying **similar** things", seufzte Hey Jay. "'I don't see. It isn't. **Not a bit** …' Uff! I keep getting **confused**."
"Yes, and the **most important** line of all is: '**Keep your temper**!'", kicherte Lina.
"Mr Coltrane will understand. Maybe it's not a big problem if you don't say the lines exactly as they're written", erklärte Jola. Plötzlich klingelte ein Wecker neben ihr und alle erschraken.
Jola sprang auf, legte ihre Sachen beiseite und klatschte in die Hände. "Yeah-yeah! We've got to move it, move it … Come on, Hey Jay and Lina! Fresh **air** is good for the **brain**. Let's go to the flea market!"
Granny wollte mit den anderen weiternähen.

---

similar ähnliche
Not a bit. Kein bisschen.
confused verwirrt
most important wichtigste
Keep your temper! Beherrsche dich!
air Luft
brain Gehirn

Und schon zogen die Undercover Kids los, denn sie wollten sich um drei Uhr mit Ali und Patsy am Floh-markt-Eingang treffen. Als die beiden um Viertel nach drei noch nicht da waren, schrieb Hey Jay eine SMS an Ali, und sie schlenderten zum ersten Stand.

Patsy und Ali saßen noch im Bus, als Ali die SMS von Hey Jay endlich entdeckte. Es war mittlerweile vier Uhr, und sie hatten die Zeit total vergessen.
"Mist", schimpfte er. "Jetzt machen sich die andern vielleicht Sorgen." Schnell tippte er eine Antwort: *We're on the way. More later. Patsy+Ali.*
Tatsächlich wollten Jola, Lina und Hey Jay schon fast eine Vermisstenanzeige aufgeben. Sie standen wieder am Eingang, als Patsy und Ali angerannt kamen.
"What happened?" – "Why are you so late?" – "Why didn't you call us?", riefen die drei durcheinander.
"Okay, listen", antwortete Patsy atemlos. Sie war so aufgeregt, dass sie immer wieder nach Luft schnappen musste. "We saw them!"
"Saw who?", fragte Lina gespannt.

“A **group** of boys about **our age**, some a little older. They **were** just **wandering** around the station. Suddenly a woman realized that her handbag was empty, most of her stuff was scattered on the ground, but all her valuables had gone. And we were sure it was this group of kids who did it”, berichtete Patsy.
“So we wanted to stay a little longer to see if we were right”, sagte Ali. “And while we were there they did it again. So now we know what they look like, and how they work.”
Die Undercover Kids steckten ihre Köpfe zusammen.
“They look for a **crowd** and **mingle with** other people”, fuhr Patsy fort. “One of them – the youngest – walks **close to** a victim and cuts open the bag. Then he just walks past and goes off in another **direction**. Nobody would ever **suspect** him. But some of the other kids are walking close to the victim, and when the stuff falls out of the bag they pick up anything that looks valuable. Before anybody realizes what's happening, they've gone.”

---

group Gruppe
our age in unserem Alter
were wandering streunten
crowd Menschenmenge
mingle with mischen sich unter
close to dicht neben
direction Richtung
suspect verdächtigen

"Then they meet somewhere, wait, have a drink, and maybe **half an hour** later they do **the same thing** again", ergänzte Ali.
"Most of the victims **don't** even **notice**. Maybe they only find out when they have to pay for something."
Mit großen Augen hingen Lina, Jola und Hey Jay an den Lippen der beiden.
"Wahnsinn!", seufzte Jola. "**No wonder** you were late."
"So what did you do about it?", wollte Hey Jay wissen.
"Well, nothing. We just watched them, and tried **to make sure** that they didn't notice us."
"We have to go back", meinte Lina.

"Definitely", sagte Patsy. "It'll be good if you come too, because they've never seen you before. At the moment they still feel **safe**. Hey – it's great to have the five of us working undercover again!"
Jola nickte und holte tief Luft. "Well, I know we're the Undercover Kids, and we should definitely do something. But right now I really have to keep looking for things we can use for the costumes. Will you

---

half an hour eine halbe Stunde
the same thing dasselbe
don't notice merken nicht
no wonder kein Wunder, dass
to make sure darauf zu achten
safe sicher

help me, please? Because I can't carry them **all by myself**!" Erwartungsvoll schaute sie die anderen an. "Of course. We can go to the station again another day", meinte Ali.
Bei ihrem gemeinsamen Gang über den Flohmarkt fanden die fünf unzählige Dinge, für die Jola die tollsten Kostüm-Einfälle hatte. Und die meisten Leute auf dem Flohmarkt hatten ihr, als sie von dem Alice-Projekt erzählte, die Sachen viel billiger überlassen. Wieder im Bandenlager angekommen, setzte sie sich gleich an ihre Nähmaschine. Sie hatte einen alten karierten Mantel gefunden, den sie nur noch leicht umarbeiten musste – für Ali und seine Rolle als Hutmacher. Für Lina hatte Jola ein Petticoatkleid erstanden, das sie noch in knallpink färben wollte.
"And have you found anything for Hey Jay yet?", fragte Granny.
Jola kicherte und zog ein seltsames meerblaues Etwas aus einer riesigen Tüte. "It's a sleeping bag", erklärte sie. "This will be the caterpillar. Hey Jay has to wear a **hood**, and we'll paint his face blue as well. I'll cut it open **at the bottom** and **sew** it **up** again like two legs – although a caterpillar hasn't got two legs. But

---

all by myself ganz alleine
hood Kapuze
at the bottom unten
sew up zunähen

he has to sit there with his **legs crossed** to meditate, doesn't he?"
Granny nickte, verblüfft über die Idee. "You are really very **talented**, Jola!"
Jola winkte ab. "I love doing this! Come on – come and help me with the dog costume." Sie zeigte auf einen großen Hundekopf aus Pappmaché.
Vier von ihnen mussten sich hintereinander stellen, sich bücken und die Arme um den jeweiligen Vordermann schlingen. Dann nahm Jola Maß für das Riesenhundekostüm. Alice würde daneben ganz klein wirken.
"Have you found anything for Mr Coltrane yet?", fragte Granny, woraufhin Jola eine irre Perücke aus einer der Taschen zog.
"**I'm going to spray** it all different colours", meinte sie. "But I couldn't find any shoes for him. His feet are probably too big for women's shoes. We'll have to go and buy them on the Kiez."
Hey Jay runzelte die Stirn. "What's the 'Kiez'?"
Die anderen sahen sich an.
"Hey Jay", sagte Patsy. "It's time for you **to get to know** the other side of my **home town**." Das klang

---

legs crossed gekreuzten Beinen
talented begabt
am going to spray werde besprühen
to get to know kennenzulernen
home town Heimatstadt

sehr bedeutungsvoll, und Hey Jay konnte sich absolut nichts darunter vorstellen. Aber mehr verriet Patsy nicht.

Nach Pizza und Salat bei Linas Mutter wollten sie sich noch einen Milchshake in ihrer Eisdiele gönnen. Dort angekommen, fielen ihnen als erstes die beiden jungen Frauen wieder auf, dieses Mal schick gekleidet. Patsy war sich nun ganz sicher, dass es die beiden Frauen vom Flughafen waren.
"They're probably **flight attendants**", dachte Patsy und lächelte ihnen freundlich zu. Die beiden lächelten zurück.
Am Nebentisch saßen die drei Besitzerinnen vom Marktcafé und unterhielten sich aufgeregt.
Patsy bekam nur ein paar Gesprächsfetzen mit, aber die genügten ihr.
"Hey, listen", flüsterte sie ihren Freunden zu. "I think they**'ve lost** something, too!"
Mutig sprach Patsy die Frauen an: "Entschuldigung, vermissen Sie etwas? Habe ich das richtig gehört?"
Die drei drehten sich überrascht um. "Ja, das hast du richtig gehört", bestätigte die eine. "Unsere schönste Kristallschale ist weg. Wir sammeln so etwas, wisst ihr, Geschirr aus den Fünfzigerjahren. Und wir sind

---

flight attendants Flugbegleiterinnen
have lost *hier:* vermissen

noch nie beklaut worden. Warum fragst du, ist dir etwas aufgefallen neulich?"
Patsy schüttelte den Kopf. "Nein. Leider nicht. Aber hier in der Eisdiele ist vor Kurzem eine Statue verschwunden. Das ist doch seltsam, oder?"
"They've lost a **crystal bowl**", erklärte Patsy in Richtung Hey Jay. "Someone **must have taken** it on Saturday, because their café**'s closed** today."
"And that big family was there then, remember?", stellte Lina fest.
"But I really can't imagine …", dachte Ali laut.
"They definitely weren't here when the statue **went missing**!", fügte Hey Jay hinzu.

"But Carmen didn't know when exactly it was stolen, did she?", fragte Patsy.
Jola zuckte die Achseln. "Sorry, it's all a bit too much for me. I have to concentrate on the costumes. Next Sunday is the **first night**! You can **chase** all these thieves if you want to, but I'm going to go back to our camp soon and do some more **sewing**."
Patsy seufzte. Es war wirklich alles ein bisschen viel.

---

crystal bowl Kristallschale
must have taken muss genommen haben
is closed ist zu
went missing verloren gegangen ist
first night Premiere
chase jagen
sewing Näharbeit

Eine bedrohliche Begegnung

"Today", begann Mr Coltrane am Montagmorgen, "we'll start rehearsing the scene with the animals' **race**. By the way, Jola told me that a lot of you helped to paint the set at the weekend. Well done! It's beautiful. Let's **put** it **up** right now."

Viele Kostüme waren schon fertig und konnten anprobiert werden. Das Ganze sah schon ziemlich verrückt aus, und Jola war zufrieden.

"I need to buy a lot of material today, so I'd like to **leave** soon and go to the shop. Is that okay?", fragte Jola ihren Lehrer.

"Of course, Jola. Do you need someone to help you?"

Jola überlegte kurz. "Can Hey Jay come with me? You don't need him for the rehearsal today, **do you?** And Ali, maybe? Their scenes come later, don't they?"

Mr Coltrane nickte. "Yes, that's right. But I do need everybody else, because I'd like to have **as** many of the animals **as** possible, even if they're not all in costume. Also, I'd like to rehearse the **final** scene today,

race Wettrennen
put up aufstellen
leave gehen
... do you? ... oder?
as ... as so ... wie
final letzte

and I'll need the Mad Hatter for that. Will Hey Jay and Ali be back **in time**?"
Jola nickte. "Oh yes. I just need their help to carry all the material to my house. By the way, what **size** are your shoes?"
"My shoes? Size forty-something … forty-four, I think", meinte der Lehrer irritiert. Dann wendete er sich der Klasse zu. "Okay, everyone – I'd like to rehearse the big scenes first. We need to **choreograph** them very **carefully**, or they'll just be chaos", erklärte er. "We'll work on them a little bit every day. **In between** we'll improvise some of the smaller scenes. Only some of you will be needed for that, and the others can take a break. You can learn your lines, or rehearse scenes by yourselves. Or you can help Jola, if she needs someone. But right now", der Lehrer stand auf, "let's get started!"

Jola, Ali und Hey Jay erreichten das Stoffgeschäft in der Nähe vom Hauptbahnhof, als die Verkäuferin gerade aufsperrte. Jola zog ihren Zettel hervor, auf dem sie Längen und Farben notiert hatte. Kaum waren die Kinder hinter riesigen Stoffballen verschwunden, da

---

in time rechtzeitig
size Größe
choreograph choreografieren
carefully vorsichtig
in between zwischendurch

hörten sie, wie zwei Frauen den Laden betraten und miteinander diskutierten.

"Ich habe aber keine Lust mehr, selber zu nähen. Wir haben doch genug Geld, um in den schicksten Boutiquen einzukaufen, was soll das also, Maria?", zeterte die eine.

"Stell dich nicht so an, hier gibt es die edelsten Stoffe für wenig Geld, und ich langweile mich zu Tode, wenn ich nichts zu tun habe. Du sollst mir das jetzt beibringen", zickte die andere zurück.

"Das ist nicht so einfach, wie du denkst, verdammt! Ich habe jahrelang gelernt, bis ich so nähen konnte. Glaubst du, du schaffst es in zwei Tagen, oder was?", meckerte die erste, während sie quer durch den Laden liefen, ohne die Kinder zu bemerken.

"Jetzt stell dich nicht so an, ich will es nun mal gern lernen. Vielleicht kann ich irgendwann meine eigene Mode entwerfen und damit berühmt werden!"

Damit verschwanden die beiden Frauen in einem Nebenraum.

Jola und die Jungen erhaschten nur einen kurzen Blick auf sie.

"I'm not sure, but weren't those the two ladies from the **ice cream parlour**?", meinte Hey Jay.

"That would be strange", sagte Jola. "Let's wait and see."

---

ice cream parlour Eisdiele

Jola schob ihren Einkaufswagen in Richtung Kasse. Der Verkäuferin erzählte sie von der Theaterproduktion und bat sie um einen Rabatt.
Da tauchten die Frauen hinter ihnen auf, eine trug einen Nadelstreifenstoff über dem Arm.
"Ups, euch kennen wir doch, was macht ihr denn hier? Verfolgt ihr uns etwa?"
Es waren tatsächlich die beiden Frauen aus der Eisdiele. Sie schauten nicht sehr begeistert aus.
"Wieso sollten wir Sie verfolgen? Haben Sie denn etwas ausgefressen?", fragte Ali mit unschuldigem Blick. Bevor die Frauen reagieren konnten, fügte er schnell hinzu: "Ich denke, wir tun einfach das Gleiche wie Sie: Stoffe kaufen", sagte er mit einem extra freundlichen Lächeln.
Misstrauisch beäugten ihn die zwei. "Und ihr Jungs näht?"
Jola schüttelte den Kopf. "Nein, dafür haben sie keine Zeit, sie müssen nachher weiter proben. Sie helfen mir nur beim Tragen. Die Kostüme für unser Alice-Projekt nähe ich."
Womit Jola wieder beim Thema war und es doch wirklich schaffte, dass sie dreißig Prozent Rabatt auf die Stoffe bekam. Im gleichen Zug überredete sie die Frauen, etwas für das Theaterprojekt zu spenden, und lud sie dafür zur Premiere am Sonntag ein.
"You're crazy, Jola, asking them for money and inviting them to our first night!", stellte Ali grinsend fest,

als sie wieder draußen waren. Dann seufzte er. "Man unterschätzt uns! Wir würden niemals jemanden so offen verfolgen. We work undercover!"
Jola nickte. "You know what I think? That they're rich, but they're **bored** and have nothing to do. Either they**'ve inherited** a lot of money, or ..."
"Or they're thieves", führte Ali ihren Satz zu Ende. "That's what I thought, too. By the way, I think we should go to the train station for a while and see if we can see this **gang** of boys. What do you think, Jola? Hey Jay?"
Natürlich wollten beide, obwohl sie mit Tüten beladen waren, wenigstens kurz mit Ali in den Bahnhof. Sie standen eine Weile auf der Fußgängerbrücke und taten, als ob sie auf jemanden warten würden.
"There they are", flüsterte Ali. "Don't look now – one of them **is staring** in our direction. I don't know what they**'re up to** right now, but we have to do something. **Let's separate**. Hey Jay, have you got your mobile?"
Hey Jay nickte. "Yes."
"I've got mine, too", bestätigte Jola.

---

bored gelangweilt
have inherited haben geerbt
gang Bande
is staring starrt
are up to im Schilde führen
Let's separate. Kommt, wir trennen uns.

"So let's **spread out**. **Pretend we're saying goodbye**."
Sie taten so, als ob sie sich voneinander verabschiedeten.
Aus den Augenwinkeln beobachtete Ali, dass die Jungen weiterzogen und sich auf einem der Bahnsteige verteilten. Er beschloss, sich in ihre Richtung zu bewegen und so zu tun, als suche er die richtige S-Bahn. So näherte er sich unauffällig dem Jungen, von dem Patsy und er vermuteten, dass er die Taschen aufschlitzte. Als Ali nah genug bei ihm war, ließ er eine seiner prall gefüllten Taschen fallen. Wie erhofft, bückte sich der Junge gleich nach der Tasche.
"Danke", sagte Ali. "Diese Tüten sind echt verdammt schwer. Sag mal, weißt du, welche S-Bahn zum Berliner Tor fährt?"
Der Junge sah ihn an und runzelte die Stirn. "Berliner Tor?", wiederholte er mit einem starken Akzent. "Was Berliner Tor?"
Ali kapierte sofort: Der Junge sprach nicht gut Deutsch. "Oh, bist du nicht von hier?", fragte Ali. "Woher kommst du denn? Where are you from?" Automatisch fragte Ali auf Englisch. Das lernte man schließlich fast überall.

---

spread out (uns) verteilen
pretend tut so, also ob
we are saying goodbye wir uns verabschieden

Der Junge zuckte nur die Achseln. “Ich sprech kein Deutsch. Ich Gast hier. Ich heiß Liviu.”
Da näherten sich auch schon zwei seiner Kumpel, und Ali fand die Situation schlagartig ungemütlich. Aber er blieb ganz cool, obwohl sein Herz trommelte.
“Sind das deine Freunde?”, fragte Ali.
“Freunde”, nickte einer der beiden.
“Brüder”, sagte der andere.
“Super”, meinte Ali. “Vielleicht wisst ihr, welche S-Bahn zum Berliner Tor fährt?” Er gab sich Mühe, ganz unschuldig zu gucken.
Der eine Junge beobachtete ihn genau. “Berliner Tor? S-Bahn fährt da, andere Seite. Tschüs!” Mit diesen Worten zogen die beiden ihren Freund und Bruder Liviu mit sich fort.
Natürlich musste Ali jetzt in die nächste Bahn steigen, denn er war ganz sicher, dass die Jungen ihn beobachten würden. Als er aus dem S-Bahn-Fenster schaute, sah er, dass Liviu sich nach ihm umdrehte. Und als er ihm zuwinkte, winkte er zurück.

Auf der Fahrt schrieb Ali eine SMS an Hey Jay und Jola: "I'm on my way home, see you at Lina's house!"

Eine halbe Stunde später trafen sich die drei bei Lina auf der Terrasse, wo immer ein Schlüssel gut versteckt in einem Blumenbottich lag.
"Wow, that was **kind of** dangerous", meinte Ali. "If I'd said something wrong, I'm sure they **would have punched** me."
"But did you find out anything?", fragte Hey Jay.
"Only that he doesn't speak German, and his name is Liviu."
"Ah", sagte Hey Jay. "That sounds like a **Romanian** name. I've heard that a lot of people in Romania are very poor, and that there are children living on the streets."
"We should definitely be careful. Maybe we shouldn't do anything else **without** telling the police."
Jola nahm Ali und Hey Jay die Tüten ab, in Gedanken schon bei den nächsten Kostümen, während die Jungs schnell zur Schule liefen.

---

kind of irgendwie
would have punched ... hätten ... geschlagen
Romanian rumänischer
without ohne

Shoes for the Queen

Am nächsten Tag sprach Jola den Lehrer an. “Sorry, Mr Coltrane, but I’m going to need you for about an hour today or tomorrow.”
“Why, Jola? Is there a problem?”, erkundigte sich der Lehrer besorgt.
“No, no, don’t worry. I just need your help because I have to buy some shoes for you. They have to fit **properly**, or you won’t be able to move **comfortably**. I couldn’t find what I was looking for at the flea market. They’re a bit **unusual**, I suppose. So we’ll have to buy new ones.”
Der Lehrer nickte verständnisvoll. “All right. Do you know where we can find them?”
Jola konnte ein Grinsen nicht unterdrücken. “Oh yes. We have to go to the Reeperbahn.”
Mr Coltrane machte große Augen. “You want to get shoes for me from a shop on the Reeperbahn?!”
“Not for you”, korrigierte ihn Jola. “Shoes for the Queen of Hearts!”
Mr Coltrane verzog das Gesicht, als ob er in eine saure Zitrone gebissen hätte. Ob er nun ahnte, was Jola mit ihm vorhatte?

---

properly richtig
comfortably bequem
unusual ungewöhnlich

Am frühen Nachmittag liefen sie also mit ihrem Lehrer über die Hamburger Reeperbahn. Die ganze Bande begleitete Jola, denn das wollten sie sich nicht entgehen lassen. Viele Menschen saßen draußen vor den Cafés und genossen das schöne Wetter.

Jola zog Mr Coltrane zielstrebig zu einem Schuhgeschäft, dessen Auslage sie alle staunen ließ. Schuhe mit Absätzen so hoch, dass man sich nicht vorstellen konnte, darin überhaupt noch zu laufen. Stiefel, die bis zum Po reichten. Stöckelschuhe in allen Farben und Größen …

Mr Coltrane schluckte. "Well Jola, I hope you know what you're doing to me", sagte er mit leicht belegter Stimme, als sie das Geschäft betraten.

Die Verkäuferin war stark tätowiert und extrem nett. "Ach du grüne Neue, was bringen Sie denn so viele Kinder hier herein? Machen Sie Aufklärungsunterricht?" Sie lachte Mr Coltrane fröhlich an.

"No! We need shoes for a theatre production. Do you speak English, by the way?"

"Of course", antwortete sie. "We get a lot of tourists here on the Reeperbahn. Tell me what you're looking for, and I'll see whether I can help."

"We need some pink **high-heeled** shoes for him, size 44, please", antwortete Jola wie aus der Pistole geschossen.

---

high-heeled hochhackige

“No problem”, versicherte die Verkäuferin und brachte nach einer kurzen Weile drei paar Schuhe, die dem Lehrer glatt den Atem verschlugen. Lina, Patsy, Ali und Hey Jay grinsten breit.

“And I’m supposed to *walk* in those shoes?”, fragte er Jola, während er seine Turnschuhe auszog.

Die nickte vehement. “That’s why I wanted you to come. You have to **try** them **on** and walk in them for a while to make sure they’re comfortable enough.”

Mr Coltrane seufzte tief. “What have I done! I didn’t realize when I **agreed** to play the Queen –”

---

try on anprobieren
agreed eingewilligt habe

"The Queen? So what's the play?", erkundigte sich die Verkäuferin neugierig. Dann half sie Mr Coltrane in das erste paar Stöckelschuhe.

"It's 'Alice in Wonderland'", erklärte Patsy stolz. "When Jola became our stage and costume designer, she couldn't play the Queen of Hearts as well. So we all decided that it would be fun if Mr Coltrane played the Queen instead."

Die Verkäuferin lachte. "Fantastic! That's **brilliant**. I **wish** I'd had a teacher like you", sagte sie zu Mr Coltrane, dem der Schweiß in großen Perlen auf der Stirn stand.

Er lächelte leicht verkrampft zurück und erhob sich, um auf äußerst wackeligen Beinen ein paar Schritte auf und ab zu spazieren.

"That looks fine." Hey Jay grinste. "Very feminine."

Mr Coltrane warf ihm einen bösen Blick zu, der aber nicht allzu ernst gemeint war. "Well, they're not too bad. But can I try the others?"

In den grellpinken Sandalen konnte er kaum stehen und musste sich an der Verkäuferin festhalten.

"To be honest, I think these ones are too dangerous. You look **as if** you might **break** your **ankle**. Not a

---

brilliant genial
wish wünschte
as if als ob
break brechen
ankle Knöchel

good idea, **especially** on stage", meinte die Verkäuferin. "Try these."
Das dritte paar Schuhe hatte ungefähr zehn Zentimeter dicke Plateausohlen.
Jola strahlte. "This is the best pair, if you want my **opinion**."
"Your **wish** is my **command**", seufzte Mr Coltrane und stolzierte vor den Kindern auf und ab. "Actually, they're **almost** comfortable." Er drehte und wendete sich in diesen echt schrillen Schuhen, als wäre es das Selbstverständlichste auf der Welt.
"Are there really men who wear shoes like these? I mean, not just for theatre productions?", fragte Ali verblüfft.
Die Verkäuferin lachte wieder. "Oh, yes! They're very **popular** with transvestites."
Schließlich zahlte Mr Coltrane, und die Verkäuferin begleitete sie noch zur Tür. "Break a leg", sagte sie zu Mr Coltrane.
Die Undercover Kids sahen sie entgeistert an.
"Why did you say that?" fragte Jola. "I thought you said these shoes were safe!"

---

especially vor allem
opinion Meinung
wish Wunsch
command Befehl
almost fast
popular beliebt

"Don't worry – I didn't mean it **literally**!", meinte die Verkäuferin und lachte.
"English actors don't wish each other **good luck** for a show, or say 'toi toi toi', like theatre people do here", erklärte Mr Coltrane den Kindern. "In England you say 'break a leg'. I suppose it's a kind of **superstition** – if you say it, that means it won't happen."
"You're going to look great on stage in those shoes", meinte die Verkäuferin. "If only I could see it!"
"Well, you can come if you like!", rief Patsy. "The **performance** is on Sunday afternoon. I'll give you the address of our school." Und schon folgte sie der Verkäuferin zurück in den Laden.

Als sie wieder herauskam, sah sie in fünf fragende Gesichter.
"**What's wrong?**", fragte sie.
"Why did you invite her?", fragte Ali.
"Come on! We want a big **audience**, don't we? We want as many people to come as possible. In fact, we really need some **flyers** … I'll make one tonight,

---

literally wörtlich
good luck viel Glück
superstition Aberglaube
performance Aufführung
What's wrong? Was ist los?
audience Publikum
flyers Flugblätter

then we'll have something we can **hand out**. What do you think? By the way, she said she can't come. She's going to London for the weekend."

Mr Coltrane seufzte und schüttelte den Kopf. "If only **I'd known you lot** better before I agreed to play the Queen."

Die Undercover Kids schauten etwas betreten.

"But isn't that what actors love? Wearing fantastic costumes and **performing** in front of lots of people?", meinte Lina, die mit ihrer Rolle als Alice sehr zufrieden war.

Mr Coltrane schaute sie alle der Reihe nach an. "Let's go and have an ice cream, shall we?"

Mit der U-Bahn fuhren sie zurück zur Eisdiele. Sie durften sich alle einen Milchshake aussuchen und hörten gespannt zu, als Mr Coltrane das Wort ergriff. "You know, when I was a boy I loved playing different characters. I loved playing the **hero**, the knight, the princess …"

"… the queen …", fügte Jola zu.

Mr Coltrane nickte. "Yes, Jola – anything and everything. So after school I decided to **become** an actor."

---

hand out verteilen
had known gekannt hätte
you lot euch
performing aufzutreten
hero Held
become werden

"Isn't it great being an actor?", fragte Lina.
"Well, yes, it was, for a while", antwortete Mr Coltrane. "But then I did a play with a very bad **director**, and the audience hated it. I couldn't sleep at night because I was dreaming about people throwing tomatoes and eggs at me."
"Eggs? That's disgusting!", meinte Patsy.
Mr Coltrane nickte. "Mmm. **Fortunately** it was only a dream, but I thought that before it actually happened I should **give up** acting and become a teacher instead."
"So how do you feel about being back on stage, playing the Queen?", fragte Jola. "Especially in those shoes?"
Mr Coltrane lächelte. "Well, to be honest, I had some **sleepless** nights again last week. But you and your **class** are such a great team: all working together, putting so much time and **energy** into the production, putting your **trust** in me. So for Jola and for all of you, I'm ready to go back on the stage."
"Wow, that's great", rief Ali.

---

director Regisseur
fortunately zum Glück
give up aufgeben
sleepless schlaflose
class Klasse
energy Energie
trust Vertrauen

"I feel **honoured** to be teaching your class", meinte der Lehrer und lächelte. "But now we have to go and rehearse, **otherwise** we won't be **ready** in time for Sunday."
Mr Coltrane zahlte für alle und sie wollten sich wieder auf den Weg machen. Patsy schob sich an einem Tisch vorbei mit älteren Schülerinnen, die sich gerade auf ein Referat vorbereiteten.
"Ich kann mich gar nicht konzentrieren", schimpfte die eine von ihnen. "Mann, das ist so mies. Wenn sie Geld klauen, ist das schon mies genug. Aber Ausweise!"
Patsy blieb stehen. "Du bist beklaut worden?".
Alle am Tisch sahen Patsy an, auch die große Schwester von Tim war dabei.
"Na du? Wir kennen uns doch vom Marktcafé. Dein Freund ...", damit zeigte sie auf Ali, "... hat meinen kleinen Bruder schwer beeindruckt."
Jetzt mischte sich Jola ein, was Patsy ein wenig ärgerte, weil sie doch gerade mehr über den Diebstahl erfahren wollte. "Kommt doch alle in unsere Premiere am Sonntag – 'Alice in Wonderland' in unserer Sporthalle."
"Are you coming?", rief Mr Coltrane.

---

honoured geehrt
otherwise sonst
ready fertig

Patsy aber musste nochmal nachhaken: "Was ist euch denn nun alles geklaut worden? Und wo?"
"Wir gehen immer mal in so einen Club aufm Kiez. Da werden ab und zu Portemonnaies geklaut. Manchmal nehmen die Diebe auch nur Geld, Ausweise, EC-Karten raus und schmeißen den Rest weg."
Patsy schüttelte ihre Locken. "Wieso geht ihr überhaupt noch hin?"
"Die Musik ist einfach super. Und alle gehen da hin", erklärte Tims Schwester. "So ist das eben."
Hey Jay schaute Patsy gespannt entgegen. "What's happened?"
"They were talking about a club they go to. They said that money and **identity cards** and things are often stolen there. Sometimes the thieves just take the money and credit cards out of the purses and throw the rest away."
"That sounds just like what happened to Mrs Macpherson at the airport, do you remember?"
Patsy blieb abrupt stehen. "Yes, you're right! Wow – I didn't think of that!"
"But they'll never let us in to a club", seufzte Hey Jay. "We can't do anything about it."
Patsy nickte enttäuscht. "I **guess** you're right again."

---

identity cards Ausweise
guess vermute

Final Stretch

Am nächsten Morgen betrat Jola die Sporthalle, als die erste Szene mit der Herzogin geprobt wurde.
“This is my mask?”, fragte Alina ungläubig, als Jola ihr etwas entgegenhielt, das eher einer pickeligen Landschaft als einem Gesicht glich. Leicht widerwillig setzte Alina die Maske auf, mit der sie wirklich gruselig aussah. Doch dazu hatte Jola für sie ein wunderschönes, eng anliegendes Kleid auf dem Flohmarkt gefunden.
Alina schlüpfte hinein und betrachtete sich im Spiegel.
“Well, I don’t look too bad in this dress. And the mask is fun! I can move very sexily as Duchess, and be very arrogant. That’s not so bad.”

---

final stretch Endspurt

Jola war sehr erleichtert darüber, dass Alina sich so schnell mit dem Kostüm angefreundet hatte.
Und wie Alina ihre Rolle genoss! Die ganze Klasse staunte, wie sie als hässliche Herzogin in allen nur erdenklichen Tönen rumzickte und wie gekonnt sie herumspazierte.
Mr Coltrane hatte ihr Talent dafür längst erkannt, und er war begeistert. "Alina, you're perfect for this part!", rief er ihr zu, was sie nur noch mehr beflügelte.
Kevin übte sich gerade als Koch im Frisbee-Wurf, denn er sollte später mit Topfdeckeln werfen. Als Alice im rosa Petticoatkleid das Haus der Herzogin betrat, flog ihr genau so ein Deckel entgegen und verfehlte nur haarscharf ihren Kopf.

"Oops, sorry", rief Kevin. "I **didn't mean to** hurt you. I need to **practise** more!"

Bis zum späten Nachmittag musste Ali seinen Text für den verrückten Hutmacher lernen. "I wish I could go back to the train station! But I still don't know what to do about those kids."
"What if we get up early tomorrow morning and go there before rehearsal? What do you think?", schlug Hay Jey vor. "Just for half an hour?"
Ali strahlte. "Good idea, let's do that."

---

didn't mean to wollte nicht
practise üben

"I suggest we all go there together, undercover", mischte sich Patsy ein. Sie machte grad die letzten Korrekturen an dem "Alice in Wonderland"-Flyer. "Even Lina can come with us then. The rest of the time she'll be needed in rehearsal. And I've got another reason to go to the station: there's a cheap copy shop there where I can copy our flyers. What about you, Jola, will you have time?"
Jola verzog traurig das Gesicht. "No, I don't think so. At eight o'clock in the morning at least five people are coming here to help me. Sorry!"

Am nächsten Morgen klingelte in aller Frühe Linas Wecker. Nach ihrem Müsli-Frühstück flitzten Patsy, Lina, Hey Jay und Ali zum Bahnhof. Bevor sie zum Copyshop gingen, sahen sie sich suchend um. Und siehe da …
"Look, there they are, next to the café!", rief Ali. "It must be a good time for thieves, with so many people on their way to work."
"Wouldn't it be better for you to go? They know you already – we shouldn't let them see you here again", meinte Hey Jay zu Ali.
"Which was the boy you **spoke** to before? What's his name again – Liviu? Maybe I can give him a flyer without the others seeing?", schlug Patsy vor.

---

spoke gesprochen hast

"Why do you want to do that?" fragte Ali.
"Patsy's right – it's a good idea. He might come and see our show", sagte Lina. "But what do we do with him then, if he doesn't understand either German or English?"
"I don't know, but it's better than doing nothing at all", antwortete Patsy aufgeregt. "So which is he?"
"The youngest one, about our age. He's **over there**, wearing jeans and a green **sweater** with a hood."
"Okay, I see him", sagte Hey Jay.
Patsy und er liefen schnell zum Copyshop. Sie wollten gleich versuchen, Liviu einen der frisch kopierten Flyer in die Hand zu drücken. Ali und Lina würden an der Bushaltestelle auf sie warten. Eine halbe Stunde später kamen Patsy und Hey Jay angerannt.
"We did it. He's got one", berichtete Hey Jay. "He looked very nervous, but I gave him as friendly a **smile** as I could. Finally he **took** it and tried to hide it in his pocket, but his brothers or friends or **whatever** they really are suddenly appeared next to him. So we had to give them flyers too, otherwise it would have been suspicious."

---

over there da drüben
sweater Pulli
smile Lächeln
took hat genommen
whatever was auch immer

Ali nickte. "Okay. I'm actually quite **excited** to see what will happen. I wonder if he will be able to come? I'd really love to find out who they are. I mean, we know what they're doing, but we don't know anything about them, about the **circumstances**."

Die Proben am Vormittag verliefen sehr chaotisch.
"We need to work on the **Lobster Quadrille** today, the dance! Alina **has offered** to choreograph it", rief Mr Coltrane. Er trug sein Kostüm und sah herrlich schrill aus. Die Perücke und die Schuhe ließen ihn riesig erscheinen.
In jeder Ecke der Sporthalle wurde an einer anderen Szene geprobt, dazwischen immer Mr Coltrane, der hier und da noch ein paar Tipps gab.
"I need everybody over here now", rief er schließlich. "The last scene is **in court**, to find out who stole the **tarts**." Und erst als diese letzte Szene auch zu seiner Zufriedenheit geprobt war, durften alle nach Hause gehen.

---

excited aufgeregt
circumstances Umstände
Lobster Quadrille Hummer-Quadrille
has offered hat angeboten
in court vor Gericht
tarts Törtchen

"I'm half **dead**. That was really **exhausting**", jammerte Ali auf dem Heimweg. "Tomorrow we've got the **dress rehearsal** – so that'll be another long, exhausting day."
"Who said acting wasn't hard work?", seufzte Lina.
"Let's go home and see whether Jola needs any help. And if she doesn't, we can just **relax**!", schlug Patsy vor.
"Shall we bring Jola some ice cream?", fiel Hey Jay ein. "She's been **indoors** all day."
Die anderen stimmten ihm gleich zu. "Good idea", sagte Lina. "She's working harder than any of us. I'm **glad** she doesn't have to play the Queen, too!"

Als sie an der Eisdiele ankamen, saßen da wieder die beiden Frauen. Hey Jay grüßte sie und stupste Patsy an. "Give them a flyer, too! Jola's invited them already. I hope they come. There's something strange about them … Maybe after the show we can get to know them a bit better. It'll give us a chance to ask them a few questions."
Patsy überreichte den Frauen also mit einladendem Lächeln einen Flyer, gab auch Carmen einen und

---

dead tot
exhausting erschöpfend
dress rehearsal Generalprobe
relax (uns) entspannen
indoors drinnen
glad froh

quatschte mit ihr drauflos. "Carmen, du musst auch unbedingt kommen am Sonntagnachmittag. Ich weiß, ihr habt hier viel zu tun, aber vielleicht kann dich jemand vertreten? Jola macht alle Kostüme und es wird sicher eine großartige Aufführung!"
Carmen seufzte. "Ach Kinder, wie soll ich das bloß schaffen? Aber gut, ich werde sehen, was sich machen lässt."

Als die vier mit dem Eis für Jola auf dem Dachboden ankamen, lag diese schon auf ihrer Matratze.
"I'm completely **shattered**. But I finished the last costumes today, with help from Granny and some of our class. I think that's everything now", erklärte sie stolz. "Granny**'s taking** the next few days **off**, **unless** I call her for help. Tomorrow I'll check whether we need anything else. I**'m** really **looking forward to** seeing what you've been working on while I was here sewing and cutting and painting and things!"
Lina überreichte Jola das Eis und ließ sich neben sie fallen. "We **brought** you some ice cream as a **reward**

---

shattered erschöpft
is taking off nimmt frei
unless es sei denn
am looking forward to freue mich auf
brought haben gebracht
reward Belohnung

for all your hard work. Lemon, **hazelnut**, strawberry and chocolate – your favourites."

"Jola, you're the greatest!", sagte Hey Jay voller Bewunderung. Dann gähnte er herzzerreißend. "We're shattered, too. We've been rehearsing all day – *and* we went to the station again."

Jola strahlte und packte ihr Eis aus. "Anything new at the station? **Have** I **missed** anything?"

"Well, those guys were there again", antwortete Ali. "They must feel very safe there! We've given Liviu a flyer for our play, and we hope he'll come on Sunday."

"I wonder where he comes from. I mean, do you think he is from Romania?", mutmaßte Patsy.

"Where exactly is Romania?", fragte Lina schläfrig.

"**Eastern Europe**. **South-east** of **Hungary**", erklärte Hey Jay und gähnte wieder laut.

"And where exactly is Hungary?", murmelte Ali. Aber eine Antwort bekam er nicht mehr – alle waren eingeschlafen, bis auf Jola, die noch ihr Eis schleckte, und Sleeping Beauty, die sich schnurrend auf Linas Füßen zusammenrollte.

---

hazelnut Haselnuss
have missed habe verpasst
Eastern Europe Osteuropa
south-east südöstlich
Hungary Ungarn

Generalprobe mit Hindernissen

Zur Generalprobe am Samstag war die ganze Klasse wieder pünktlich zur Stelle. Lichttechniker und DJ Max saß am Mischpult und testete grad die verschiedenen Effekte mit den farbigen Spots, als Alina die Sporthalle betrat – zusammen mit ihrem Vater.

Mr Coltrane grüßte Herrn Lühr freundlich. "But Alina, Mr Lühr, this is just a rehearsal. We'll be stopping and starting – it won't be like a performance."

"Don't worry, I just wanted my dad to see me. He might not be able to come tomorrow, that's why I made him come today. I hope it's okay? **You don't mind**, do you, Mr Coltrane?"

Mr Coltrane schüttelte den Kopf und wandte sich an seine Klasse. "Okay, everyone, today we're going to go through the whole play and see whether anything is missing, or where things are still **unclear**. We also have to practise with the **lighting** and the music. Max, are you ready?"

Max nickte.

"**Right**", fuhr Mr Coltrane fort. "For the first scene, when Alice falls asleep in the garden, we have a kind

---

You don't mind? Das macht Ihnen nichts aus?
unclear unklar
lighting Beleuchtung
Right. Gut.

of dream music. This **will last until** the White Rabbit appears and runs past Alice, then the music will go a bit crazy. So – **let's go!** And **whenever** anyone has a question or problem, we'll stop. Is everybody ready?"
Die ganze Schauspieltruppe johlte einhellig: "Yes, Mr Coltrane, we're ready to go!"
Gerade wollten sie mit der ersten Szene beginnen, als sich die Hallentür erneut öffnete und ein zweiter unvorhergesehener Gast eintrat: Liviu!
"Patsy, look who's come to see us!", rief Hey Jay.
Nun starrte die ganze Klasse den Jungen an, und er schien gleich wieder verschwinden zu wollen. Aber Ali lief schnell zu ihm hin.

Erstaunt sah Liviu ihn an, er sah von Patsy zu Ali und schien plötzlich zu begreifen, dass sie alle zusammen gehörten. Wieder machte er eine Bewegung Richtung Tür, aber da standen schon Hey Jay und Jola bei ihm und führten ihn einfach auf den Platz neben Alinas Vater. Da Herr Lühr natürlich in Zivil gekleidet war, hatte Liviu keine Ahnung, neben wem er da saß. Und dann begann auch schon die Generalprobe. Nach einer Stunde machten sie eine kurze Pause, dann ging es weiter bis zum Ende der Gerichtsverhandlung. In dieser Szene wächst und wächst Alice

---

will last wird dauern
until bis
Let's go! Los!
whenever jedesmal, wenn

plötzlich, bis die Königin befiehlt: "Off with her head!" Woraufhin Alice wild um sich schlägt, das Licht erlischt und eine laute Trommelmusik erklingt. Als das Licht wieder angeht, liegt Alice wie zu Beginn der Geschichte im Garten und schläft.

Für diesen Ausklang hat Lina ein Geigenstück aufgenommen, eine Improvisation, so wunderschön, dass einem fast die Tränen kamen – jedenfalls Alinas Vater, der begeistert applaudierte, nachdem die letzten Noten verklungen waren.

"Oh please, no **applause**!", rief Mr Coltrane. "Not before the first night. It**'s bad luck**!"

Herr Lühr verstand sofort, bremste sich, ging zu seiner Tochter und knuddelte sie stolz, bevor sie in den Umkleideraum lief.

Liviu hatte sich zur Tür der Sporthalle geschlichen, aber Ali stand schon wieder neben ihm. "Hey, bleib doch noch ein bisschen!", schlug er ihm vor.

"Ich wegmüssen. Ich wieder morgen komme", sagte Liviu und verschwand.

Plötzlich ertönte ein Schrei aus der Umkleide: "Mein Smartphone ist weg!"

"Oh, not again, Alina!", rief Patsy.

"No, really, come and see. Someone's been in here!", kam es zurück.

---

applause Applaus
is bad luck bringt Unglück

Und wirklich: Nicht nur Alinas Smartphone war verschwunden! Während der Probe war im Umkleideraum offenbar alles Mögliche geklaut worden.

Hey Jay, der noch sein Raupenkostüm anhatte, sah vor der Glastür der Sporthalle einen VW-Bus, der gerade den Motor anließ. Davor stand Liviu, gestikulierte wild und schrie irgendwas in den Bus hinein. Dann ging alles ganz schnell: Ein Mann kam aus dem Bus und zog den Jungen hinein, das Auto fuhr rückwärts los und wendete.

Hey Jay riss die Glastür auf und versuchte, in seinem Schlafsack hinter dem Bus herzurennen. Aber er hatte natürlich keine Chance, und bald war der VW um die nächste Kurve verschwunden.

"Did you see the **number plate**? Did you get the number?", schrie Patsy ihm entgegen.

"Of course. It was HH-CW 1908", rief Hey Jay zurück und sah, wie Alinas Vater sich die Nummer notierte und sein Handy zückte. Wenig später war die Fahndung nach dem VW-Bus raus.

Hey Jay ging zurück in die Umkleideräume, wo nun das ganze Ausmaß der Katastrophe deutlich wurde. Die Diebe hatten alles irgendwie Wertvolle gestohlen. Ali war stinksauer. "Liviu brought them here. He and his friends **robbed** us!"

---

number plate Nummernschild
robbed haben ausgeraubt

Die fünf berichteten Alinas Vater von ihren Beobachtungen am Hauptbahnhof, und er notierte alles in seinem kleinen schwarzen Buch.
Nachdem sie eine genaue Aufstellung aller gestohlenen Wertsachen gemacht hatten, blieb nichts mehr zu tun als die Kostüme auszuziehen, sich abzuschminken und aufzuräumen.
Das Handy von Alinas Vater klingelte: Auf der Polizeiwache war der Besitzer des Wagens ermittelt worden. Herr Lühr verabschiedete sich rasch und verschwand.
Um über alles zu reden, ging Mr Coltrane mit seiner Klasse zur Eisdiele, für einen kleinen Imbiss, wenn auch in niedergedrückter Stimmung.

Carmen schlug die Hände über dem Kopf zusammen. “Ich hab ja gar nicht so viele Stühle”, rief sie. Aber natürlich kriegten sie es irgendwie hin.
Während die Bedienungen unaufhörlich kleine Pizzen und Sandwiches und Toasts anschleppten und die Undercover Kids grad Carmen erzählen wollten, was während der Generalprobe passiert war, da sah Patsy Familie Dahlkamp mit Tim kommen.
“Na, die haben uns gerade noch gefehlt”, seufzte sie.
“What?”, fragte Hey Jay.
“It’s Tim and his family. Ali, **look out**, your fan will be here in a minute!”, raunte Patsy Ali noch zu.

Look out. Pass auf.

"Maybe you should hide under the table", schlug Lina lachend vor.
Aber als Ali sich umdrehte, um zu sehen, wer gemeint war, war es schon zu spät. Tim hatte ihn bereits entdeckt und kam auf ihn zugerannt. "Endlich sehe ich dich wieder", rief der Kleine begeistert.
"Ich hab keine Stühle mehr, ich hab keine Stühle mehr", jammerte Carmen.
Aber da saß Tim schon auf Alis Schoß, und der Rest der Familie setzte sich auf die Parkbänke in der Nähe und wartete geduldig auf ihre Jüngsten.
Nun erzählten Jola und Patsy Carmen, was geschehen war, und Tim hakte immer wieder nach. Irgendwann rannte er zu seiner Familie und redete kurz mit ihnen.
"Ich hab's ihnen erzählt", berichtete Tim, als er zurückkam. "Ich habe ihnen gesagt, dass Klauen ganz doof ist, finden wir." Mit *wir* meinte er Ali und sich. Er schaute ganz stolz zu Ali hoch, der ihn angrinste und in den Rücken boxte.
"Au", rief der Kleine aus Spaß, denn natürlich hatte es nicht weh getan. Man merkte doch, dass Ali noch kleinere Geschwister hatte.
"Was is'n das für ein Theater, was ihr spielt, ich will da auch hin!", sagte Tim später so bestimmt, das keiner ihm zu widersprechen wagte. Patsy überreichte ihm einen der letzten Flyer. Stolz rannte er zu seiner Familie und diskutierte eine Weile mit ihnen.

In der Zwischenzeit übernahm Mr Coltrane das Wort: "Well, I know we're all thinking about what happened at the rehearsal, but I think we should all go home and try to relax. I want you to take the morning off tomorrow before the first night. Sleep as long as you like – you don't have to come to school until two hours before the performance. That'll give us enough time to do the set and make-up. Does that sound all right? We can't do anything about the stuff that's been stolen; we'll just have to wait and see whether the police **manage** to find those boys and get it back. Alina, have you heard from your father yet?"

Alina schüttelte traurig den Kopf. "No, because I don't have my smartphone!"

Die Stimmung, die morgens noch aufgeregt und voller Vorfreude war, war jetzt niedergeschlagen und traurig – und bei einigen auch wütend.

"Liviu must have left the **front door** open so his friends could **get in**!", schimpfte Ali. Er kam nicht darüber hinweg, dass der Junge sie so hintergangen hatte.

Die meisten aus der Klasse erklärten sich noch bereit, mit Mr Coltrane zusammen die Bank- und Stuhlrei-

---

manage es schaffen
front door Eingangstür
get in reinkommen

hen für die Premiere aufzustellen. Sie waren fast fertig, als es laut an der Hallentür klopfte. Jola lief hin, um zu öffnen. Alinas Vater, jetzt in Uniform, und weitere Polizisten standen vor der Tür, in der Hand mehrere Taschen.

"Good **news**", rief Alinas Vater. "We found out who the car **belongs to** and went **straight** to his house. And we were lucky. The **van** had just arrived and they were busy taking all the stuff inside."

Die Polizisten breiteten das Diebesgut aus, und schon bald hatten alle ihre Wertsachen wiedergefunden.

Herr Lühr setzte sich schließlich auf eine Bank und Mr Coltrane und die Klasse umringten ihn. "Listen. I want to **explain** something to you. Those kids who stole from you come from Romania, where a lot of children are very, very poor. Maybe their parents have no money, or they **don't care about** their children – or sometimes the children are **orphans**. Many of them have **nowhere** to live – they have to sleep on the street."

---

news Nachrichten
belongs to gehört
straight direkt
van Bus
explain erklären
don't care about kümmern sich nicht um
orphans Waisen
nowhere keinen Platz

Ali unterbrach ihn. "But why do they come here?"
Herr Lühr atmete tief durch. "Well, there are people who try to make money out of this awful situation. They tell these children they can stay here in Germany, maybe even find nice families to live with, or – if they're old enough – find a good job. And then they bring them here."
"But that's **human trafficking**, isn't it?", rief Hey Jay entrüstet.
Herr Lühr nickte. "Exactly. When the children arrive here in Germany, they find out that everything they were told was **lies**. There are no jobs for them here, and no nice families waiting **to look after** them. They're told that the **trip** from Romania **cost** a lot of money and now they have to **pay** it **back**. The people who brought them here **force** them to work as thieves. Some kids wander round stations and other **busy places** and try to steal from people there. These kids can sometimes be quite dangerous, because they have nothing to lose. And their bosses give them knives."

---

human trafficking Menschenhandel
lies Lügen
to look after ... sich um ... zu kümmern
trip Reise
cost hat gekostet
pay back zurückzahlen
force zwingen
busy belebten
places Orten

Jola seufzte laut. "This is horrible! Why don't they just go back home?"
"They can't go back. They don't even know exactly where they are, and they have no one at home to go back to", erklärte Herr Lühr.
Die Klasse schwieg betreten. Ihre Wut auf die rumänischen Kinder war verraucht.
"They **commit** crimes, but because they're children, we can't keep them in **prison**. Their bosses know this – that's why they use them. But now, with your help, we've been able to find out who the bosses are – the ones who make the kids become criminals."
Ali war sehr traurig. "Liviu probably had no **choice**!", flüsterte er Patsy und Hey Jay zu.
"No, he didn't, I'm sure of it!", sagte Hey Jay. "He **was arguing with** the men in the van. I saw him. I don't know what he was arguing about, but maybe he didn't know what they **were planning** and was angry that they'd stolen from us."
"Or maybe they forced him to help them", erwiderte Patsy leise. "I had to give the others a flyer too, remember? So they also **knew** where to find us."

---

commit begehen
prison Gefängnis
choice Wahl
was arguing with … hat sich mit … gestritten
were planning planten
knew wussten

“What’s going to happen to them now?”, hakte Mr Coltrane nach.
Laura meldete sich. “Bitte, können Sie das nicht alles auf Deutsch erzählen? Patsy kann es ja später für Hey Jay übersetzen.”
Alinas Vater räusperte sich. “Ja, selbstverständlich. Sind Sie einverstanden, Mr Coltrane?”
Der Lehrer nickte, und Herr Lühr fuhr fort: “Es hängt vom Alter ab. Wenn sie unter vierzehn sind, ist erst einmal der Kindernotdienst für sie zuständig.”
“Der Kindernotdienst?”, fragte Lina. “Sowas gibt es? Und was machen die?”
“Sie helfen Kindern, die in Not geraten sind. Mindestens achtundvierzig Stunden lang finden diese Kinder hier Unterschlupf”, antwortete Herr Lühr.
“Wird Liviu da eingesperrt?”, wollte Jola wissen.
Herr Lühr schüttelte den Kopf. “Nein, auf keinen Fall. Die Kinder wohnen da, bekommen Essen, und wenn sie länger da sind, sogar Taschengeld, und sie können sich frei bewegen.”
“Dann könnte er also auch weglaufen?”, hakte Ali nach.
“Das stimmt”, antwortete Herr Lühr. “Dann werden wir sehen, ob er Hilfe haben will oder nicht.”
“Und wenn seine Leute ihn abholen wollen?”, fragte Patsy.
“Ich vermute, dass er hier niemanden hat außer der Diebesbande. Und wenn irgendjemand kommt, muss

erst bewiesen werden, dass sie mit ihm verwandt sind. Außerdem kann er nicht gezwungen werden mitzugehen, wenn er nicht will. Zur Not muss das Familiengericht entscheiden, wie es weitergeht."
"Wie lange kann er da wohnen?", fragte Alina ihren Vater.
"Auf jeden Fall ein paar Wochen. Das Jugendamt muss dann klären, wie es mit ihm weitergeht. Wenn keine Eltern da sind, bekommt er möglicherweise einen offiziellen Vormund gestellt."
"Und bei dem wohnt er dann?", fragte Patsy.
"Nein." Herr Lühr schüttelte den Kopf. "Der Vormund sucht einen Platz für ihn, vielleicht in einem Heim ..."
"Ein Heim? Wie schrecklich!", rief Jola.
"Oder er kommt in eine Pflegefamilie", fügte Herr Lühr hinzu.
"Oder er kommt wieder nach Hause, wenn seine Eltern noch leben und ihn vermissen", sagte Alina und schaute ihren Vater fragend an.
Der nickte und stand jetzt auf. "Ja, das wäre wohl das Beste, aber ich bezweifle es. Sonst wäre er vermutlich nicht hier. Aber wer weiß." Herr Lühr wandte sich an Mr Coltrane. "I must go now. Some of the boys are still sitting outside in our cars, and we have to take them away."
"Is Liviu out there?", fragte Ali.
Herr Lühr nickte. "Do you want to see him?"

Nur Ali und Patsy durften mit hinaus zu den drei Polizeiautos, die direkt vor der Sporthalle parkten. Patsys Herz klopfte gewaltig, als sie sich dem Wagen näherten, in dem Liviu saß. Mit verweinten leeren Augen sah er auf, er konnte sie kaum ansehen. Dann murmelte er ihnen etwas zu, das sie nicht verstanden.
"Ich werde einen Dolmetscher besorgen", meinte Herr Lühr zu Patsy und Ali. "Dann lasse ich euch wissen, was er euch sagen will."
Ohne lange zu überlegen, hielt Ali dem Jungen seine Hand hin. "Tschüs Liviu", sagte er. "Mach's gut."
Liviu griff nach Alis Hand und hielt sie eine Weile fest. Er verstand wohl, auch ohne Worte, was Ali ihm damit sagen wollte. Dass er ihm nicht mehr böse war.
Ali wandte sich noch einmal an Herrn Lühr, der die Szene geduldig abgewartet hatte. "Meinen Sie, es ist möglich, dass er morgen zu unserer Premiere kommt? Ich weiß nicht warum, aber ich glaube, das wäre toll."
Herr Lühr zuckte die Schultern. "Das kann ich dir nicht versprechen. Aber ich werde sehen, was ich tun kann."

Showdown

In ihrem Bandenlager diskutierten die Undercover Kids noch bis in den Abend hinein.
“I can’t imagine how it must feel like to live like that!”, seufzte Lina. “No family, no home? Awful!”
“And being in a country where you don’t know anybody …”, fügte Jola hinzu.
“… and don’t understand a **single** word!”, meinte Hey Jay. “I mean, I know what it’s like to be here in Germany and understand almost nothing, but I’ve never had a problem with it, because of you!”
“And these kids don’t even have any friends here.” Patsy konnte sich das überhaupt nicht vorstellen. “Even if some of them make friends with other Romanians in the group, they can’t help each other because none of them speak German!”
“And they have no money, so they ca**n’t** go **anywhere**”, meinte Ali.
Sie überlegten hin und her, was sie für Liviu tun könnten. Aber es fiel ihnen nichts ein.

Und nun stand die Premiere vor der Tür. Genauer gesagt die Schar der Premierengäste. Patsy beschäftigte vor allem eine Frage: Würde Liviu kommen?

---

single einziges
not anywhere nirgendwohin

Auf jeden Fall kamen erst mal alle anderen: Eltern, Großeltern, Tanten und Onkel, Freundinnen, Freunde und Geschwister. Dann tauchte Tim mit seiner ganzen Familie auf. Sogar die beiden jungen Frauen erschienen – womit die Undercover Kids gar nicht gerechnet hatten. Schließlich kam sogar Carmen angehetzt.
Granny setzte sich ganz nach vorne, und neben ihr hatte sich schnell wie der Wind der kleine Tim platziert. Seine Familie setzte sich in die zweite Reihe.
Patsy, Lina, Ali, Hey Jay und die anderen standen aufgeregt hinter dem großen schwarzen Vorhang, der die Sporthalle teilte, und lugten durch die Ritzen.
"Hey, something's going on with Tim's family", sagte Lina. "Look – they seem **upset** about something."
Patsy versuchte durch den Schlitz zu erkennen, was im Publikum vor sich ging. Sie sah, dass Tims große Schwester auf die beiden Frauen zeigte und die ganze Familie diskutierte.
"What's going on?", fragte Ali nervös und rückte seinen riesigen Hut zurecht.
"I **haven't a clue**", antwortete Hey Jay und zog an seiner Kapuze.
Dann ertönte die Musik, und gerade als die Show begann, sah Hey Jay, wie Liviu in Begleitung eines jungen bärtigen Mannes noch durch die Tür schlüpfte.

---

upset aufgebracht
haven't a clue habe keine Ahnung

"Liviu's here!", raunte er Ali zu.
Ali nickte. Er hatte ebenfalls die ganze Zeit die Tür im Blick gehabt, in der Hoffnung, Liviu würde noch kommen. "I knew it", freute er sich.
Für die nächste Stunde war die ganze Schauspieltruppe hochkonzentriert und setzte alles um, was sie gemeinsam erarbeitet hatte: Alices Besuch bei der Herzogin, beim verrückten Hutmacher, die schräge Verhandlung mit der Königin – auch Patsy gab ihr Bestes und begleitete mit ihren Worten den Weg von Alice durchs Wunderland. Am Ende ertönten die Geigenklänge vom Band und Alice lag wieder in ihrem Garten, schlief und träumte.
Das Licht erlosch …
Tosender Applaus! Das Publikum war außer sich vor Begeisterung und der Applaus wollte gar nicht enden. "Thank you, thank you, thanks a lot!", rief schließlich Mr Coltrane, der sie alle überragte. "I'd like Jola to come up on stage, please. She **deserves** a huge **round of applause**, because she was responsible for finding and making the set and all of these **amazing** costumes. Please **give** her **a** big **hand**! And another one for Max, our **sound** and lighting man."

---

deserves verdient
round of applause Beifall
amazing erstaunlichen
give a hand applaudieren Sie
sound Ton

Jola kam mit rotem Kopf nach vorne, die Leute standen auf und pfiffen und trampelten. Ihr kamen die Tränen, weil diese Situation sie einfach überwältigte. Schließlich winkte Jola dem Publikum zu, schluckte noch einmal und rief: "Thank you, thanks – please, stop! Our parents have brought cakes and sandwiches and things for the first night party, so please do stay and **celebrate** with us. Thank you!"
Ein letzter aufbrausender Applaus, dann kam Bewegung ins Publikum. Vor der Halle hatten einige Eltern Tische aufgebaut, voll beladen mit guten Sachen.
Ali und Patsy rannten sofort zu Liviu, gefolgt von Hey Jay, Lina, Jola und vielen anderen.

Der bärtige Begleiter stellte sich vor. "Hallo, ich bin Vladimir. Ich bin Sozialarbeiter und betreue Liviu jetzt erst mal. Ich bin selber aus Rumänien und kann alles übersetzen für euch. Liviu hat mir schon viel von euch erzählt. Er will, dass ich euch sage, wie leid es ihm tut und dass er das alles nicht wollte!"
Ali erwiderte nur: "Das habe ich gewusst, irgendwie. Aber wie können wir ihm bloß helfen?"
In dem Moment zog Tim an Alis Mantel. "Du warst *so* toll!", rief er. Seine ganze Familie kam hinterher und Tim stellte sie ihm vor. Doch Ali war abgelenkt und meinte: "Tut mir leid, wir müssen erst mal ein Problem lösen. "

---

celebrate feiern Sie

"Was is'n los?", wollte Tim wissen.
In wenigen Worten erklärte Ali Tims Familie, was gestern bei der Generalprobe passiert war und dass sie Liviu gern helfen wollten.
Tim hatte sofort eine Lösung parat: "Mama, der kann doch erst mal bei uns wohnen! Einer mehr fällt bei uns doch nicht auf, oder?"
Tims Eltern schauten ihn mit großen Augen an. Dann gingen ihre Blicke in Richtung Liviu.
Alis Herz raste. Das wäre ja wirklich unvorstellbar toll, wenn das möglich wäre.
Livius Betreuer Vladimir räusperte sich und sagte: "Ich weiß nicht, was möglich ist. Aber so eine schwerwiegende Entscheidung kann man nicht hier und jetzt fällen. Wenn Sie ernsthaft darüber nachdenken wollen, sollten wir uns im Jugendamt treffen und alles Weitere besprechen." Er gab den Eltern eine Visitenkarte.
Tim strahlte Liviu an. "Du bist cool", sagte er zu ihm. Liviu lächelte vorsichtig zurück. Er hatte offensichtlich keine Ahnung, was hier vor sich ging.
Ali wusste, dass sich nun alles zum Guten wenden würde für Liviu. In dem Moment kam Tims große Schwester und redete auf Patsy und Hey Jay ein. Er war sicher, sie redeten über Liviu. "That would be great, wouldn't it?", meinte er.
"Great?", erwiderte die Schwester in einem ziemlich aggressiven Ton. "It's disgusting! Stealing from young people!"

"But he didn't want to do it! He had no choice!", verteidigte ihn Ali.
"*He?!* Who are you talking about?", meinte die Schwester.
Ali war verwirrt. Warum war sie so genervt?
"She's talking about those two women, Ali", erklärte ihm Hey Jay.
Patsy fuhr fort: "She saw one of them take a purse out of the bag of the person sitting next to her just before the play started. Right now Emma and Laura are talking to them so they don't leave before the police arrive. They**'re chatting** about the costumes. One of them seems to be very interested in fashion design."

Mr Coltrane staunte, als sie ihn dazuholten. "I don't believe it! More thieves? I feel like I'm surrounded by thieves. And –", er warf einen anerkennenden Blick in die Runde, "– by brilliant detectives."

Mr Coltrane bat die beiden Damen unauffällig in die Umkleidekabinen und fand in ihren Taschen tatsächlich ein fremdes Portemonnaie. Wieder fuhr – dieses mal ganz unauffällig und in Zivil – die Polizei vor und die Frauen ließen sich ohne Widerstand abführen.

Später stand Mr Coltrane mit den Undercover Kids zusammen und schüttelte ungläubig den Kopf. "What

---

are chatting plaudern

else have you been doing, **besides** rehearsing, making all the costumes, learning your lines and catching thieves?"
"Oh, nothing much. It's been a very boring week", sagte Patsy mit einem tiefen Seufzer. Wie erlöst brachen sie alle in schallendes Gelächter aus.
In dem Moment kam Carmen angelaufen. "Kinder, wie schön, dass ihr so viel Spaß habt. Ich muss jetzt leider gehen. Aber ganz, ganz toll habt ihr das gemacht! Ach übrigens – die Statue ist wieder aufgetaucht. Plötzlich stand sie genau an ihrem alten Platz. Also, macht's gut und feiert noch schön!" Und weg war sie.
Ali spürte einen festen Händedruck von Tim, der zu seinen Geschwistern schaute. Die zwinkerten ihm zu. Dann zog Tim seinen großen Freund zu sich und flüsterte: "Unsere Mama hat morgen Geburtstag. Und sie liebt Kitsch so doll, sagt Papa immer. Wir wollten ihr eine Freude machen und dachten, da stehen so viele Statuen in der Eisdiele, da fällt eine weniger doch gar nicht auf. Müssen wir jetzt ins Gefängnis?"
"Nein, ich glaube nicht", sagte Ali. "Wenn ihr versprecht, dass ihr das nie wieder tut!"
Tim schüttelte wild den Kopf. "Nie, nie wieder!"
Ali kam noch ein anderer Gedanke: "Und was ist mit der Kristallschale aus dem Marktcafé?"

---

besides außer

Tim erschrak und starrte ihn an wie einen Geist. "Woher weißt du das?"
Ali starrte zurück. "Wir sind die Undercover Kids – wir wissen so ziemlich alles!"
"Boah, ihr seid ja echt gefährlich", murmelte Tim erschüttert. Aber dann strahlte er wieder. "Die Schale ist wieder zurück. Und die Weintrauben auch. Keiner hat was gemerkt ..."
Ali sah ihn an. "Sag mal, wo waren denn die Trauben, als ich dich im Supermarkt durchsucht habe?"
"Die hatte mein Bruder unter seinem Pulli versteckt ..."
Ali schaute sich um und beobachtete seine Freunde. Alle wirkten fröhlich und erleichtert. Auch Liviu aß mit Appetit von Grannys selbstgebackenem Kirschkuchen. In einiger Entfernung standen Vladimir, Herr Dahlkamp und Mr Coltrane und unterhielten sich – eindeutig über Liviu.
Ali war sicher, dass sich eine gute Lösung für den Jungen aus Rumänien finden würde. Für solche Probleme gab es schließlich Erwachsene, auf die man sich verlassen konnte.
Mit Tim an der Hand rannte er zu seinen Freunden und sie alle feierten ausgelassen ihre Premiere – und einen weiteren Erfolg der Undercover Kids.
We can bet you
That we're going to get you!